JN221863

でこのつらさを経験《けいけん》している人《ひと》が必《かなら》ずいます）。あなたならどんな気持《きも》ちになるでしょうか。想像《そうぞう》しながら読《よ》んでほしいと思《おも》います。
漫画《まんが》の次《つぎ》にはそのテーマについての解決《かいけつ》のヒントが書《か》かれています。あなたが行動《こうどう》を起《お》こすことで救《すく》われる人《ひと》がいるかもしれません。だからみなさんに知《し》ってほしい情報《じょうほう》をまとめてあります。この情報《じょうほう》は子《こ》どもたちと触《ふ》れ合《あ》うすべての大人《おとな》たちにも、ぜひ知《し》ってほしい内容《ないよう》です。

自分《じぶん》のやることなすこと、友《とも》だちや好《す》きなあの子《こ》の気持《きも》ちも含《ふく》めてすべてが思《おも》い通《どお》りになったら、どんなにか素晴《すば》らしい人生《じんせい》でしょうか。でも残念《ざんねん》ながら、そのような魔法《まほう》は存在《そんざい》しません。
だけど、ちょっとだけ気持《きも》ちがラクになる方法《ほうほう》があります。
それは、他《ほか》の人《ひと》の悩《なや》みや置《お》かれている状況《じょうきょう》を想《そう》像《ぞう》して、自分《じぶん》のことのように考《かんが》えたり、優《やさ》しい言《こと》葉《ば》をかけたりして、そっと手《て》を差《さ》し伸《の》べることです。
自分《じぶん》が人《ひと》にしてあげたことは、不思議《ふしぎ》なもので自《じ》分《ぶん》に返《かえ》ってきます。人《ひと》に優《やさ》しくすると自分《じぶん》にも優《やさ》しさが注《そそ》がれるようになるのです。
この本《ほん》は、「困《こま》っているあなたに寄《よ》りそうために」、そして「あなたに寄《よ》りそってもらいたいと思《おも》っている誰《だれ》かのために」あります。

あなたは決《けっ》してひとりではありません。
あなたとあなたの大切《たいせつ》な人《ひと》が、自分《じぶん》らしくこれからの人生《じんせい》を歩《あゆ》んでいけることを願《ねが》っています。

一般社団法人《いっぱんしゃだんほうじん》
スクールセーフティネット・
リサーチセンター代表理事《だいひょうりじ》
心理学博士《しんりがくはかせ》　田村節子《たむらせつこ》

人への
優しさと、
想像力が
身につく

10代のつらさに寄りそう本

監修 田村節子
（心理学博士）
漫画 しろやぎ秋吾

もくじ

考《かん》える事《こと》が多《おお》すぎて日々《ひび》、不安《ふあん》で不安《ふあん》で仕方《しかた》がなかった
家族《かぞく》
お金《かね》
学校《がっこう》
将来《しょうらい》
生活《せいかつ》
勉強《べんきょう》

おれ なんか したかな〜…

!!

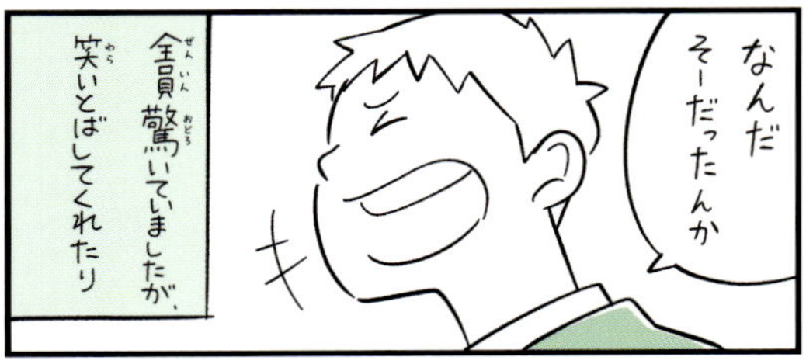

なんだ そーだったんか
全員《ぜんいん》驚《おどろ》いていましたが、笑《わら》いとばしてくれたり

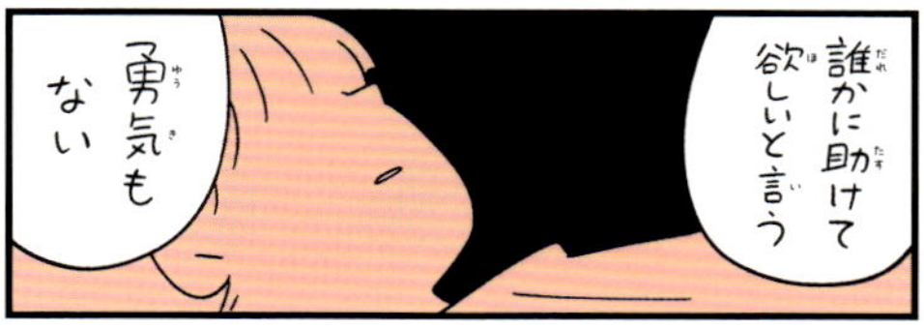

誰《だれ》かに助《たす》けて欲《ほ》しいと言《い》う
勇気《ゆうき》もない

理系《りけい》で、一応《いちおう》今《いま》は○○学科《がっか》を考《かんが》えています。がんばります

いじめにあっているとかハッキリとした行けない理由《りゆう》があった訳《わけ》ではないです。

Theme 1

いじめ

小学《しょうがく》6年生《ねんせい》の時《とき》でした。何気《なにげ》なく通《かよ》っていた学校《がっこう》でしたが、ある日《ひ》を境《さかい》に、ガラッと学校生活《がっこうせいかつ》が変《か》わってしまいました。
おはよー
学校《がっこう》に行《い》くと、いつも一緒《いっしょ》にいるグループの子《こ》たちに話《はな》しかけても無視《むし》。

最初《さいしょ》は冗談《じょうだん》かなと思《おも》ったんですが
あ、おれも一緒《いっしょ》に帰《かえ》る
ずっと無視《むし》され続《つづ》け、これはいじめだな、と小学生《しょうがくせい》ながら実感《じっかん》しました。

6年生《ねんせい》の後半《こうはん》まで無視《むし》は続《つづ》きました。
でも、こんなことで負《ま》けたくない、と思《おも》い学校《がっこう》は休《やす》みませんでした。

Theme 1 いじめ 友《とも》だちから無視《むし》された話《はなし》

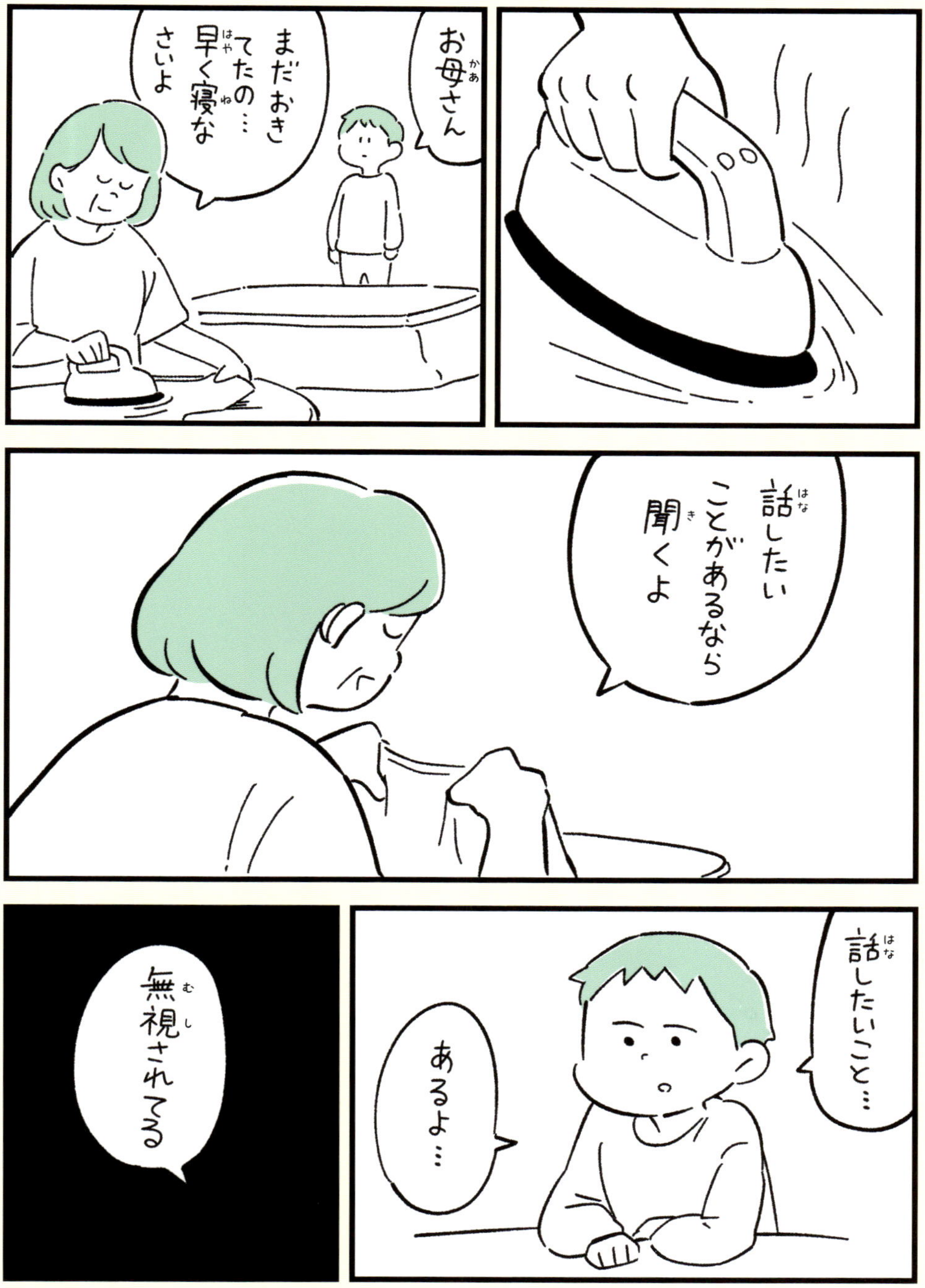

ちょっと理由《りゆう》が
わかんないんだ
けど…
おれ なんか
したかな〜…
なんで無視《むし》されるの
かな〜…
母《はは》に相談《そうだん》した時《とき》、
我慢《がまん》していたものが
あふれて泣《な》いて
しまいました。この時《とき》
「先生《せんせい》に言《い》わないで」とも言《い》いました。
その子《こ》たちに直接《ちょくせつ》指導《しどう》が下《くだ》ると
いじめられるかも と思《おも》ったからです。

ある日《ひ》、
教室《きょうしつ》移《い》動《どう》で
図書室《としょしつ》に行《い》くことに
なった時《とき》、担任《たんにん》の先生《せんせい》に
呼《よ》び止《と》められました。

ちょっと来《き》なさい
お前《まえ》ら喧嘩《けんか》してるんか～？
してません
そっか～

ずっと長《なが》い間《あいだ》話《はな》すことができなかったのに、給食《きゅうしょく》の時間《じかん》、何故《なぜ》か話《はな》せるような気《き》がしました。
カレー大盛《おおも》り？
あたりまえじゃん
おー
こんな何気《なにげ》ない会話《かいわ》で無視《むし》は終《お》わりました。

▶ この話《はなし》を読《よ》んで、心当《こころあ》たりがある、相談《そうだん》したいという方《かた》はこちら

24時間《じかん》子供《こども》SOS《エスオーエス》ダイヤル

0120-0-78310

Theme 1

いじめ

もしも「いじめ」にあったら？

いじめが被害者《ひがいしゃ》の人生《じんせい》を変《か》えてしまうことも

学校《がっこう》で起《お》こるいじめは、殴《なぐ》る、蹴《け》るなどの身体的《しんたいてき》な暴力《ぼうりょく》によるものより、悪口《わるくち》や無視《むし》、仲間《なかま》はずれといった言葉《ことば》や態度《たいど》によるもののほうが多《おお》いです。近年《きんねん》はスマートフォンが普及《ふきゅう》したことから、ネットを使《つか》ったいじめも増《ふ》えています。

いじめを受《う》けた人《ひと》は、精神的《せいしんてき》に大《おお》きなダメージを受《う》けます。また、**いじめが終《お》わったとしても、問題《もんだい》がすべて解決《かいけつ》されるわけではありません。**

いじめを受《う》けたことによって、PTSD《ピーティーエスディー》（心的外傷後《しんてきがいしょうご》ストレス障害《しょうがい》）やうつ病《びょう》、パニック障害《しょうがい》などの後遺症《こういしょう》に悩《なや》まされる人《ひと》もたくさんいます。いじめが原因《げんいん》で人間不信《にんげんふしん》になり、大人《おとな》になっても社会《しゃかい》になじめず悩《なや》み続《つづ》ける人《ひと》もいます。

学校《がっこう》ではどんな「いじめ」が多《おお》い？

軽《かる》くぶつかられたり、遊《あそ》ぶふりをして叩《たた》かれたり、蹴《け》られたりする

小学校《しょうがっこう》……25.0%
中学校《ちゅうがっこう》……14.3%
高等学校《こうとうがっこう》……7.7%

仲間《なかま》はずれ、集団《しゅうだん》による無視《むし》をされる

小学校《しょうがっこう》……12.4%
中学校《ちゅうがっこう》……9.6%
高等学校《こうとうがっこう》……15.8%

冷《ひ》やかしやからかい、悪口《わるくち》や脅《おど》し文句《もんく》、嫌《いや》なことを言《い》われる

小学校《しょうがっこう》……57.0%
中学校《ちゅうがっこう》……62.2%
高等学校《こうとうがっこう》……58.7%

他《ほか》には……

年齢《ねんれい》が上《あ》がると「パソコンや携帯電話《けいたいでんわ》等《とう》で、ひぼう・中傷《ちゅうしょう》や嫌《いや》なことをされる」といういじめも増《ふ》えます（中学生《ちゅうがくせい》10.0%、高校生《こうこうせい》17.3%）。その他《ほか》、ひどく叩《たた》かれる、金品《きんぴん》をたかられたり盗《ぬす》まれたりするといったいじめも。

学年別《がくねんべつ》のいじめの認知件数《にんちけんすう》（2023年度《ねんど》）

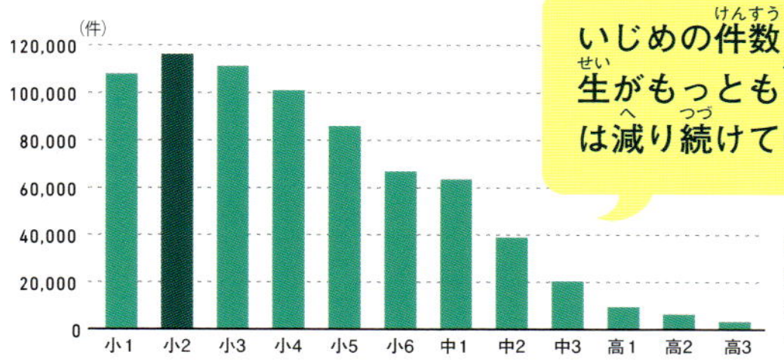

いじめの件数《けんすう》は小学《しょうがく》2年《ねん》生《せい》がもっとも多《おお》く、以降《いこう》は減《へ》り続《つづ》けていました。

出典：文部科学省「令和５年度 児童生徒の問題行動・不登校等生徒指導上の諸課題に関する調査結果の概要」

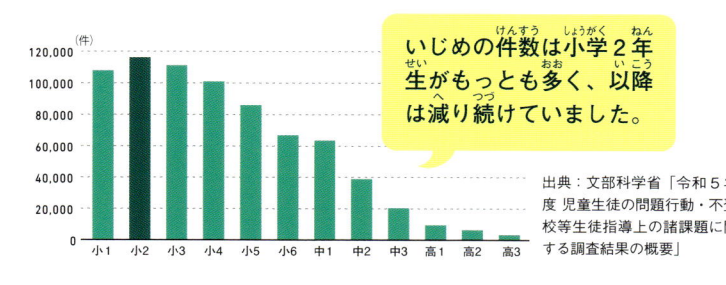

実《じつ》はいじめを受《う》けた経験《けいけん》がない人《ひと》のほうが少数派《しょうすうは》

国《くに》が行《おこな》った調査《ちょうさ》によると、2018年《ねん》度《ど》の小学校《しょうがっこう》6年生《ねんせい》のうち、過去《かこ》3年間《ねんかん》で「仲間《なかま》はずれ・無視《むし》・陰口《かげぐち》」の被害経験《ひがいけいけん》があると答《こた》えた人《ひと》の割合《わりあい》は約《やく》80%、中学校《ちゅうがっこう》3年生《ねんせい》は約《やく》68%でした。

つまり、**小学生《しょうがくせい》は5人《にん》のうち4人《にん》、中《ちゅう》学生《がくせい》もおよそ5人《にん》のうち3人《にん》が**、暴力《ぼうりょく》をともなわない**いじめを受《う》けた経験《けいけん》がある**ということです。

別《べつ》の調査《ちょうさ》によると、いじめの認知件数《にんちけんすう》がいちばん多《おお》いのは小学校《しょうがっこう》2年生《ねんせい》で約《やく》10万件《まんけん》。それ以降《いこう》は徐々《じょじょ》に減《へ》っていき、高校《こうこう》3年生《ねんせい》では約《やく》3千件《ぜんけん》でした。

ただし、これはあくまでも「報告《ほうこく》があった件数《けんすう》」であり、実際《じっさい》にはもっと多《おお》くのいじめが発生《はっせい》しているはずです。

なお、いじめの認知件数《にんちけんすう》は年々増加《ねんねんぞうか》しており、2013年度《ねんど》には約《やく》18万《まん》6千件《せんけん》でしたが、2023年度《ねんど》には約《やく》4倍《ばい》の73万《まん》3千件《ぜんけん》にものぼっています。

仲間《なかま》はずれ・無視《むし》・陰口《かげぐち》 被害経験《ひがいけいけん》と加害経験《かがいけいけん》

児童《じどう》・生徒《せいと》が報告《ほうこく》する「いじめの経験率《けいけんりつ》」は、減少傾向《げんしょうけいこう》にありますが、教師《きょうし》の「いじめ認知件数《にんちけんすう》」は年々増加《ねんねんぞうか》しています。

2016年度《ねんど》〜2018年度《ねんど》
小《しょう》4〜小《しょう》6の3年間《ねんかん》

このときの調査《ちょうさ》では、6年前《ねんまえ》（2010年度《ねんど》小《しょう》3→ 2012年度《ねんど》小《しょう》6）に行《おこな》われた同《おな》じ調査《ちょうさ》のときより被害経験《ひがいけいけん》は7%減《げん》、加害経《かがいけい》験《けん》は17%減《げん》でした。

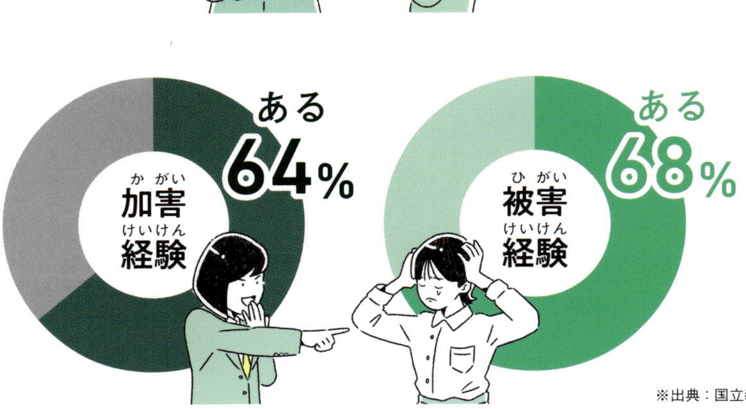

2016年度《ねんど》〜2018年度《ねんど》
中《ちゅう》1〜中《ちゅう》3の3年間《ねんかん》

中学生《ちゅうがくせい》は、6年前《ねんまえ》と比《くら》べて被《ひ》害経験《がいけいけん》は3%減《げん》、加害経験《かがいけいけん》は8%減《げん》という結果《けっか》でした。しかし、まだまだいじめが多《おお》いことには変《か》わりありません。

※出典：国立教育政策研究所「いじめ追跡調査 2016-2018」

いじめの加害者《かがいしゃ》ではなくても いじめに加担《かたん》してしまう構造《こうぞう》

いじめがある環境《かんきょう》で、いじめと無関係《むかんけい》な人《ひと》はいません。そう聞《き》くと、「自分《じぶん》はいじめたことも、いじめられたこともない」と思《おも》う人《ひと》もいるでしょう。

しかし、いじめの直接的《ちょくせつてき》な「加害者《かがいしゃ》」ではなくても、いじめに加担《かたん》してしまっている場合《ばあい》があるのです。

いじめとは、「被害者《ひがいしゃ》」と「加害者《かがいしゃ》」だけでなく、周《まわ》りでいじめをはやし立《た》てる「観衆《かんしゅう》」と、さらにその周辺《しゅうへん》で見《み》て見《み》ぬふりをする「傍観者《ぼうかんしゃ》」の四層《よんそう》からなるとする説《せつ》があります。

この「いじめの四層構造論《よんそうこうぞうろん》」では、「観衆《かんしゅう》」や「傍観者《ぼうかんしゃ》」の立場《たちば》にいる人《ひと》がいじめをやめさせようとしない限《かぎ》り、いじめはエスカレートしていくとしています。

また、いじめの対象者《たいしょうしゃ》は時間《じかん》とともに変《か》わります。つまり、いじめが続《つづ》いている限《かぎ》り、**加害者《かがいしゃ》や観衆《かんしゅう》、傍観者《ぼうかんしゃ》も、いつ被害者《ひがいしゃ》になるかわからない**のです。

いじめの四層構造論《よんそうこうぞうろん》

いじめ問題《もんだい》の研究《けんきゅう》で知《し》られる社会学者《しゃかいがくしゃ》の森田洋司《もりたようじ》氏《し》は、
いじめは下《した》の図《ず》のような四層構造《よんそうこうぞう》になっていると説《と》きました。

周《まわ》りが傍観者《ぼうかんしゃ》ばかりで、いじめを止《と》めようとする人《ひと》や、いじめを先生《せんせい》に知《し》らせる人《ひと》がいない状況《じょうきょう》だと、加害者《かがいしゃ》は図《ず》に乗《の》っていじめがエスカレートしていきます。

出典：森田洋司『いじめとは何か 教室の問題、社会の問題』

あなたや誰《だれ》かが「いじめ」の被害者《ひがいしゃ》になったら

もしも自分《じぶん》が「いじめ」にあったら、家族《かぞく》や先生《せんせい》、スクールカウンセラーなどに相談《そうだん》しましょう。担任《たんにん》の先生《せんせい》に話《はな》しづらければ、信頼《しんらい》している先生《せんせい》や相談《そうだん》しやすい先生《せんせい》に打《う》ち明《あ》けてもよいでしょう。「バレたら怖《こわ》い」「恥《は》ずかしい」「心配《しんぱい》をかけたくない」といった気《き》持《も》ちが湧《わ》くかもしれませんが、**いじめを解決《かいけつ》するためには、勇気《ゆうき》を出《だ》して誰《だれ》かに相談《そうだん》すること**がもっとも大切《たいせつ》です。

周《まわ》りの大人《おとな》に相談《そうだん》して解決《かいけつ》しなかったとしても、電話《でんわ》やネット、SNS《エスエヌエス》などさまざまな相談窓口《そうだんまどぐち》があります。

もしも、誰《だれ》かがいじめられていることに気《き》づいたら、その人《ひと》の相談《そうだん》に乗《の》り、先《せん》生《せい》などに報告《ほうこく》すると決《き》めたら、一緒《いっしょ》に行《い》ってあげましょう。たった一人《ひとり》で「いじめはやめよう」と立《た》ち向《む》かうのは難《むずか》しくても、被害者《ひがいしゃ》に寄《よ》り添《そ》うことで、あなたは、いじめの「傍観者《ぼうかんしゃ》」ではなくなります。

もしも誰《だれ》かがいじめられていたら？

もしも誰《だれ》かがいじめられていたら、以下《いか》のような方法《ほうほう》で助《たす》けてあげましょう。
ただし、勝手《かって》に判断《はんだん》や行動《こうどう》をするのではなく、その人《ひと》の意見《いけん》を大事《だいじ》にする必要《ひつよう》があります。

先生《せんせい》やスクールカウンセラーなど学校《がっこう》の人《ひと》に相談《そうだん》する

相談《そうだん》に乗《の》る

話《はな》しかける

相談《そうだん》に乗《の》りながら、いつ、どこで、誰《だれ》にいじめられたかを記録《きろく》すると、大人《おとな》に相談《そうだん》するときに役立《やくだ》ちます。いじめがひどい場合《ばあい》には、ボイスレコーダーなどで録《ろく》音《おん》をして証拠《しょうこ》を残《のこ》すようにしましょう。

大人《おとな》（自分《じぶん》の親《おや》など）と共有《きょうゆう》する

いじめの記録《きろく》を取《と》る

いじめの相談窓口《そうだんまどぐち》

いじめについて先生《せんせい》やスクールカウンセラーなどに相談《そうだん》しても解決《かいけつ》しない場合《ばあい》や相談《そうだん》しにくい場合《ばあい》には、公的機関《こうてききかん》へ相談《そうだん》しましょう。左《ひだり》にあげた相談窓口《そうだんまどぐち》のほか、地元《じもと》の教育委員会《きょういくいいんかい》や警察《けいさつ》に相談《そうだん》するという方法《ほうほう》もあります。

相談窓口《そうだんまどぐち》

こどもの人権《じんけん》110番《ばん》（法務省《ほうむしょう》）	0120-007-110
こどもの人権《じんけん》 SOS-e《エスオーオス イー》 メール（法務省《ほうむしょう》）	https://www.jinken.go.jp/ （または「インターネット人権相談《じんけんそうだん》」で検索《けんさく》）
LINE《ライン》 じんけん相談《そうだん》（法務省《ほうむしょう》）	@linejinkensoudan
24時間《じかん》子供《こども》SOS《エスオーエス》ダイヤル（文部科学省《もんぶかがくしょう》）	0120-0-78310

Theme 2

ひとり親《おや》家《か》庭《てい》

中学《ちゅうがく》に入《はい》ってすぐ
母《はは》と幼《おさな》い弟《おとうと》と3人《にん》で
家《いえ》を逃《に》げ出《だ》した。
僕《ぼく》たちは父《ちち》の暴力《ぼうりょく》に
毎日《まいにち》怯《おび》えていた。

両親《りょうしん》が離婚《りこん》し、
なんとか新《あたら》しい生活《せいかつ》を
スタートさせたが
僕《ぼく》たちは精神的《せいしんてき》に
ボロボロだった。

そして僕《ぼく》は 行《い》ったり
行《い》かなかったりするタイプの
不登校《ふとうこう》になった。
先生《せんせい》はよく言《い》っていた
学校《がっこう》に来《く》れば普通《ふつう》の子《こ》なのに……
何《なに》も知《し》らないくせに
必死《ひっし》に平静《へいせい》を装《よそお》っていたけど
だんだんと勉強《べんきょう》についていけなくなっていった。

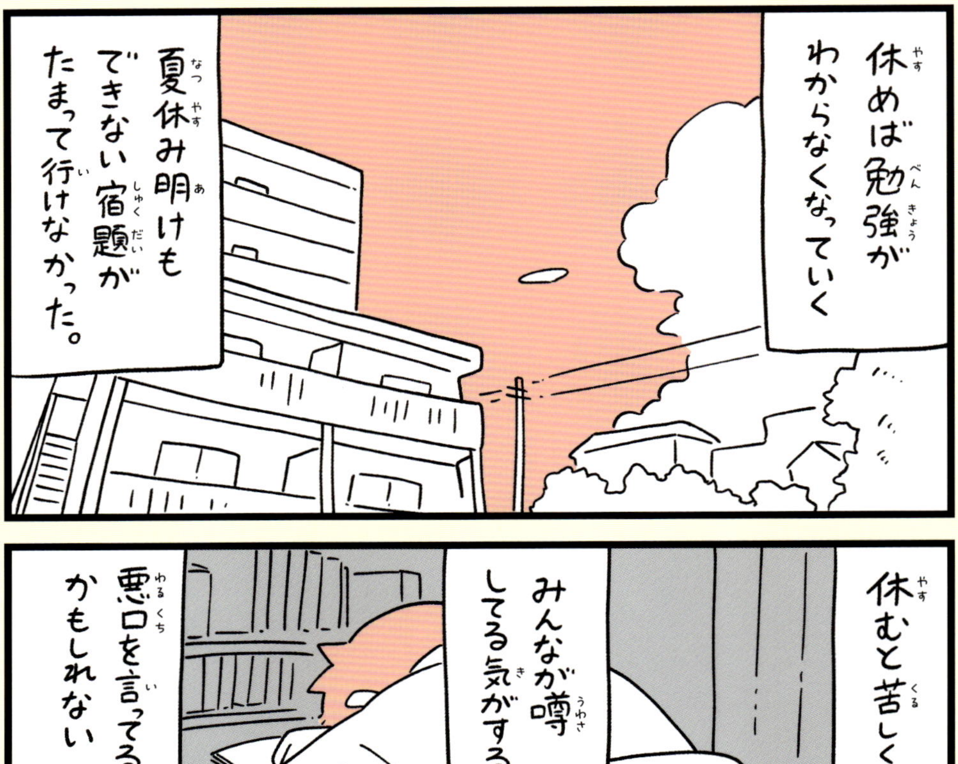
休《やす》めば勉強《べんきょう》がわからなくなっていく
夏休《なつやす》み明《あ》けもできない宿題《しゅくだい》がたまって行《い》けなかった。
休《やす》むと苦《くる》しくなる
みんなが噂《うわさ》してる気《き》がする
悪口《わるくち》を言《い》ってるかもしれない
学校《がっこう》に行《い》かなきゃ
普通《ふつう》にしなきゃ……

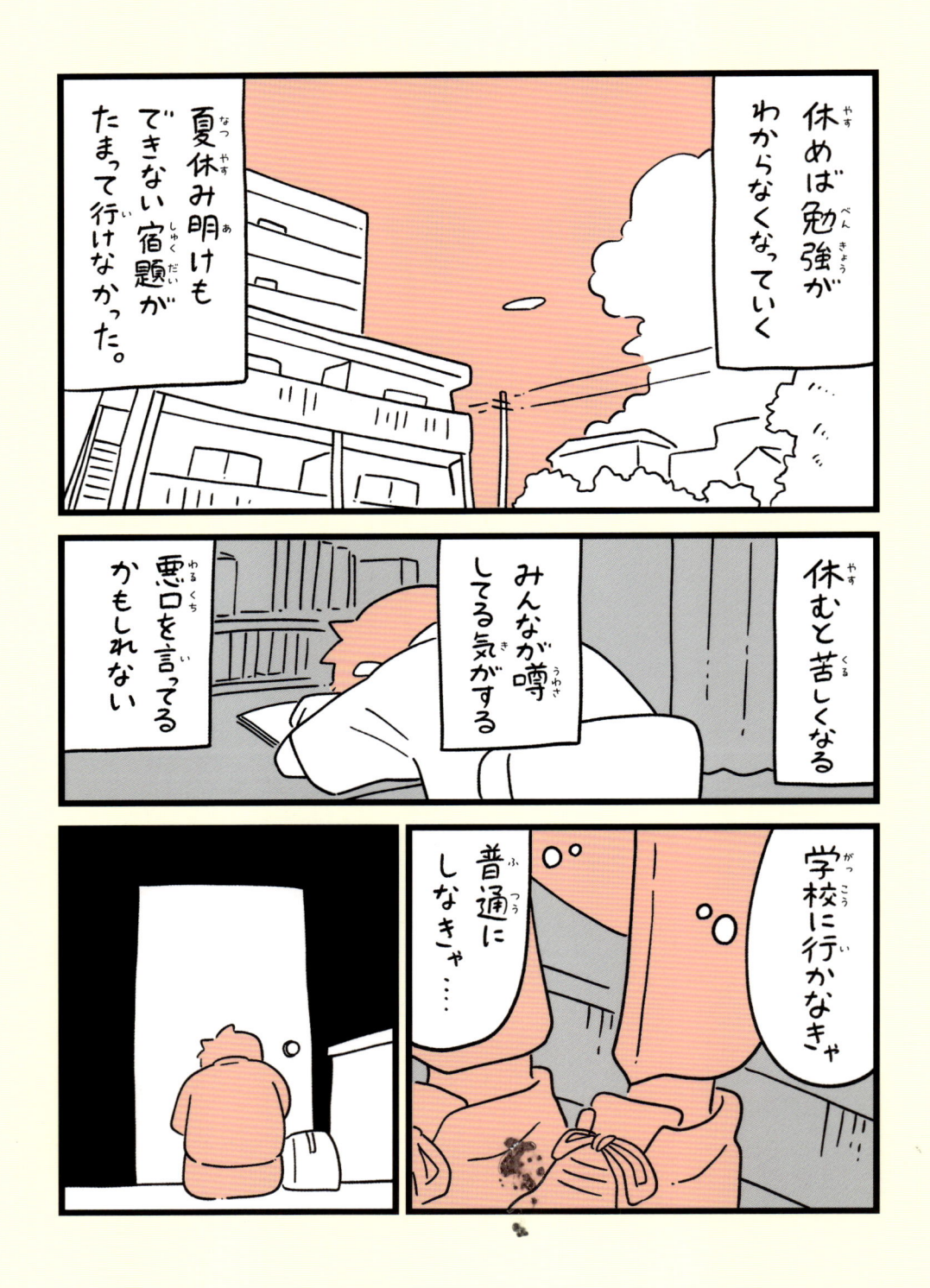

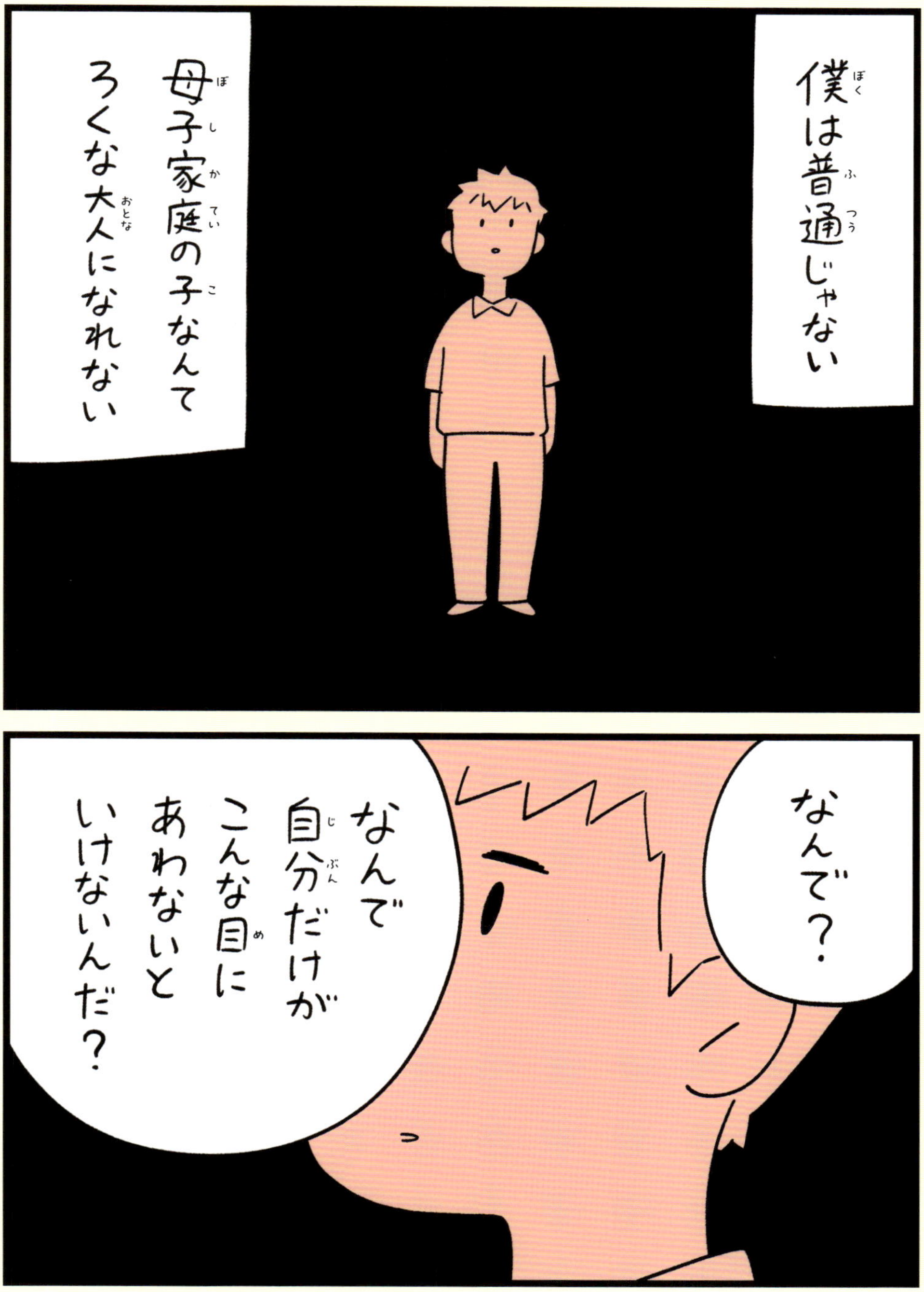
僕《ぼく》は普通《ふつう》じゃない
母子家庭《ぼしかてい》の子《こ》なんてろくな大人《おとな》になれない
なんで？
なんで自分《じぶん》だけがこんな目《め》にあわないといけないんだ？

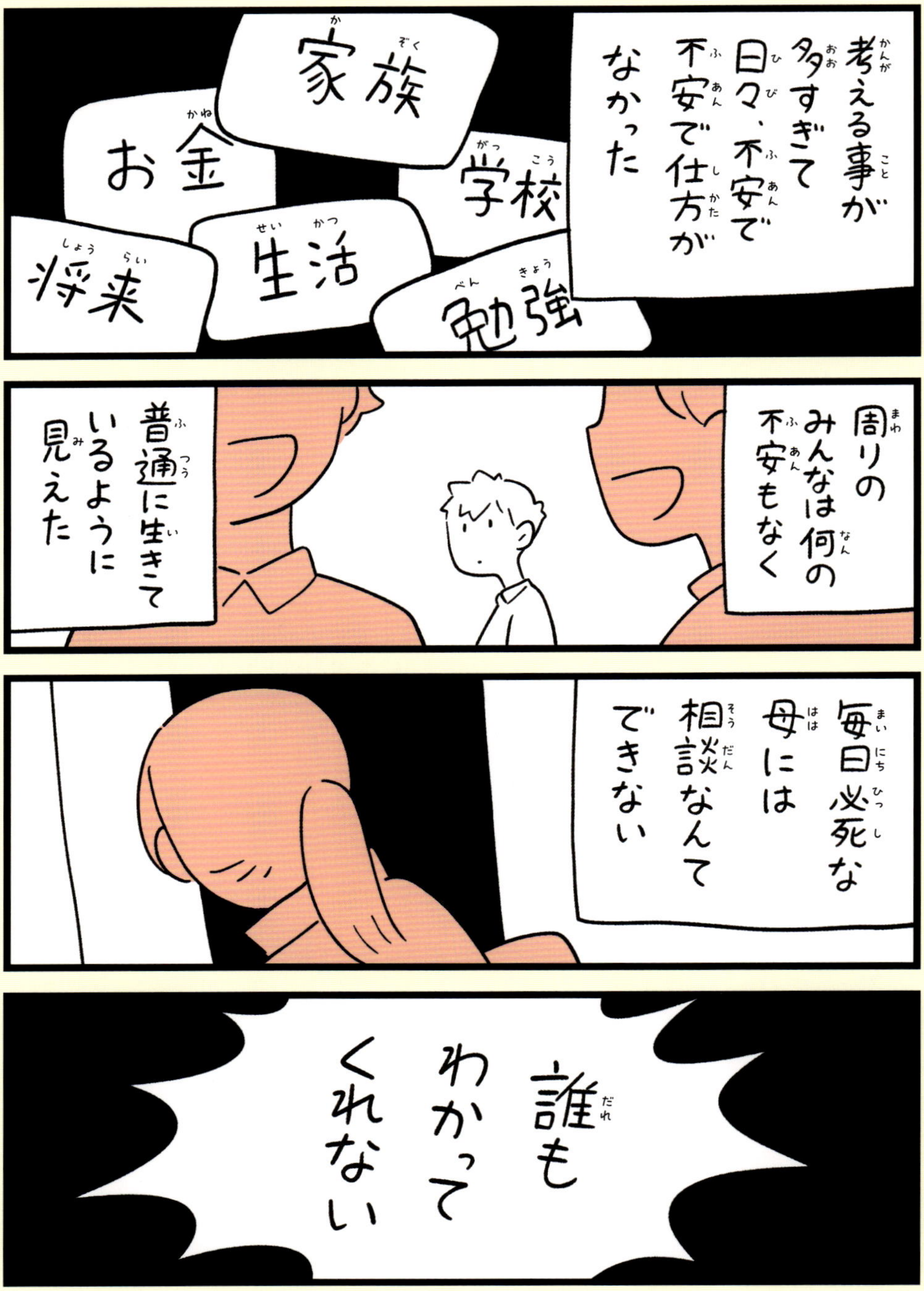
考《かんが》える事《こと》が多《おお》すぎて日々《ひび》、不安《ふあん》で不安《ふあん》で仕方《しかた》がなかった
家族《かぞく》
学校《がっこう》
お金《かね》
生活《せいかつ》
将来《しょうらい》
勉強《べんきょう》
周《まわ》りのみんなは何《なん》の不安《ふあん》もなく
普通《ふつう》に生《い》きているように見《み》えた
毎日《まいにち》必死《ひっし》な母《はは》には相談《そうだん》なんてできない
誰《だれ》もわかってくれない

中《ちゅう》2の冬《ふゆ》
とある塾《じゅく》に出《で》あった
現役《げんえき》の大学生《だいがくせい》が
立《た》ち上《あ》げたNPO《エヌピーオー》法人《ほうじん》で
すくーる
ひとり親《おや》家庭《かてい》の子《こ》どもの
授業料《じゅぎょうりょう》を半額《はんがく》に設定《せってい》して
いたおかげで通《かよ》うことができた

塾《じゅく》では授業《じゅぎょう》の合間《あいま》に
大学生《だいがくせい》の講師《こうし》たちが
たくさん話《はなし》をしてくれた
驚《おどろ》いたのが講師《こうし》の
ほとんどがひとり親家庭《おやかてい》で
育《そだ》ったということだった

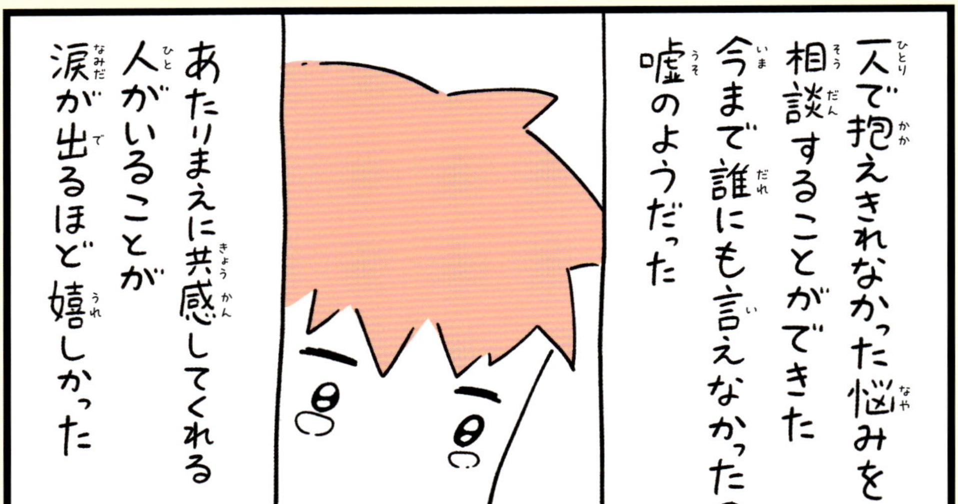
一人《ひとり》で抱《かか》えきれなかった悩《なや》みを
相談《そうだん》することができた
今《いま》まで誰《だれ》にも言《い》えなかったのが
嘘《うそ》のようだった
あたりまえに共感《きょうかん》してくれる
人《ひと》がいることが
涙《なみだ》が出《で》るほど嬉《うれ》しかった

自分《じぶん》は
ろくな大人《おとな》に
なれないと
思《おも》っていた
でも
そうじゃないかも
しれない
こんなに立派《りっぱ》な
大人《おとな》がいるの
だから
受験期《じゅけんき》になり
遅《おく》れを取《と》り返《かえ》すように
必死《ひっし》で努力《どりょく》した
3-
塾《じゅく》のサポートのおかげで
学校《がっこう》にも毎日《まいにち》通《かよ》える
ようになった

▶ この話《はなし》を読《よ》んで、心当《こころあ》たりがある、相談《そうだん》したいという方《かた》はこちら

あなたのいばしょ

https://talkme.jp/

Theme

2

ひとり親家庭《おやかてい》

「ひとり親《おや》」は生《い》きるのが大変《たいへん》？

ひとり親家庭《おやかてい》の割合《わりあい》は約《やく》6・5％

ひとり親家庭《おやかてい》とは、お父《とう》さんかお母《かあ》さんのどちらか一方《いっぽう》と子《こ》どもが一緒《いっしょ》に暮《く》らしている家庭《かてい》のことです。

たとえば、お父《とう》さんがいなくてお母《かあ》さんだけの場合《ばあい》は母子家庭《ぼしかてい》といい、逆《ぎゃく》に、お母《かあ》さんがいなくてお父《とう》さんだけがいる家庭《かてい》を父子家庭《ふしかてい》といいます。２０２３年《ねん》の厚生労働省《こうせいろうどうしょう》の調査《ちょうさ》では、**18歳《さい》未満《みまん》の子《こ》どもを持《も》つ世帯《せたい》のうち、約《やく》6・5％がひとり親世帯《おやせたい》**です。決《けっ》して低《ひく》い割合《わりあい》ではありません。

ひとり親《おや》になる主《おも》な理由《りゆう》は、離婚《りこん》、未婚《みこん》、死別《しべつ》の３つです。もっとも多《おお》いのは離婚《りこん》で、母子家庭《ぼしかてい》では約《やく》8割《わり》、父子家庭《ふしかてい》でも約《やく》7割《わり》となっています。母子家庭《ぼしかてい》では、死別《しべつ》の割合《わりあい》は減《へ》り、未婚《みこん》（結婚《けっこん》していないこと）の割合《わりあい》は増《ふ》えてきています。

ひとり親《おや》になった理由《りゆう》（2021年調査《ねんちょうさ》）

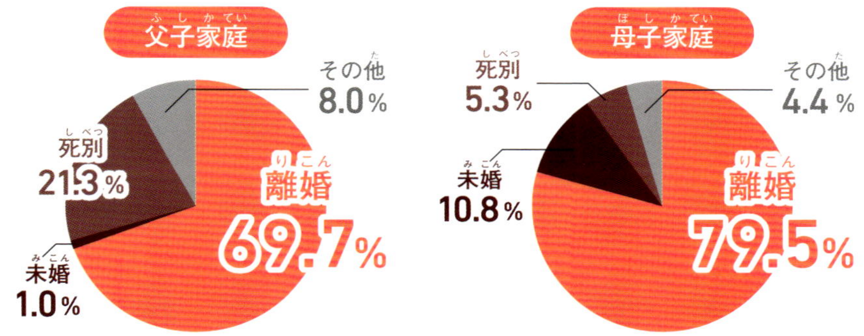

出典：厚生労働省「令和３年度 全国ひとり親世帯等調査結果報告」

母子世帯《ぼしせたい》と父子世帯《ふしせたい》の状況《じょうきょう》（2021年度《ねんど》）

母子世帯《ぼしせたい》の就業状況《しゅうぎょうじょうきょう》のうち「パート・アルバイト等《とう》」の比率《ひりつ》は2018年度調査時《ねんどちょうさじ》の43.8%から減《へ》っていますが、まだ高《たか》い割合《わりあい》であることには変《か》わりありません。

	世帯数《せたいすう》	就業状況《しゅうぎょうじょうきょう》（就業率《しゅうぎょうりつ》）	就業者《しゅうぎょうしゃ》のうち正規《せいき》の職員《しょくいん》・従業員《じゅうぎょういん》	就業者《しゅうぎょうしゃ》のうち自営業《じえいぎょう》	就業者《しゅうぎょうしゃ》のうちパート・アルバイト等《とう》	平均年間《へいきんねんかん》就労収入《しゅうろうしゅうにゅう》	平均年間収入《へいきんねんかんしゅうにゅう》（同居親族《どうきょしんぞく》を含《ふく》む世帯全員《せたいぜんいん》の収入《しゅうにゅう》）
母子世帯《ぼしせたい》	119.5万《まん》世帯《せたい》	86.3%	48.8%	5.0%	38.8%	236万円《まんえん》	373万円《まんえん》
父子世帯《ふしせたい》	14.9万《まん》世帯《せたい》	88.1%	69.9%	14.8%	4.9%	496万円《まんえん》	606万円《まんえん》

出典：厚生労働省「令和３年度 全国ひとり親世帯等調査結果の概要」

ひとり親《おや》家庭《かてい》では貧困《ひんこん》が起《お》こりやすい

ひとりで子《こ》どもを育《そだ》てながら働《はたら》くことにはさまざまな困難《こんなん》がともないます。

たとえば、親《おや》がひとりで仕事《しごと》と家事《かじ》や育児《いくじ》を両立《りょうりつ》させようとすると、短時間《たんじかん》の仕事《しごと》しか選《えら》べなくなってしまいます。するとパートやアルバイトといった仕事《しごと》（非《ひ》正規雇用《せいきこよう》）しか選《えら》べなくなることが多《おお》いため、ひとり親家庭《おやかてい》は生活《せいかつ》が困窮《こんきゅう》しやすい傾向《けいこう》にあります。

そのため、経済的理由《けいざいてきりゆう》から大学《だいがく》などへの進学《しんがく》をあきらめるひとり親家庭《おやかてい》の子《こ》どももいるのが現状《げんじょう》です。

しかし、**社会《しゃかい》ではひとり親家庭《おやかてい》を支《ささ》えるためにいろいろなサポートが用意《ようい》されています**。たとえば、経済的《けいざいてき》に助《たす》けるための給付金《きゅうふきん》や、親《おや》の負担《ふたん》を減《へ》らすための保育《ほいく》サービスなどがあります。

しっかりと情報《じょうほう》を集《あつ》めて、そうしたサポートがあることを知《し》り、活用《かつよう》することが大切《たいせつ》です。

子《こ》どもの貧困率《ひんこんりつ》の推移《すいい》

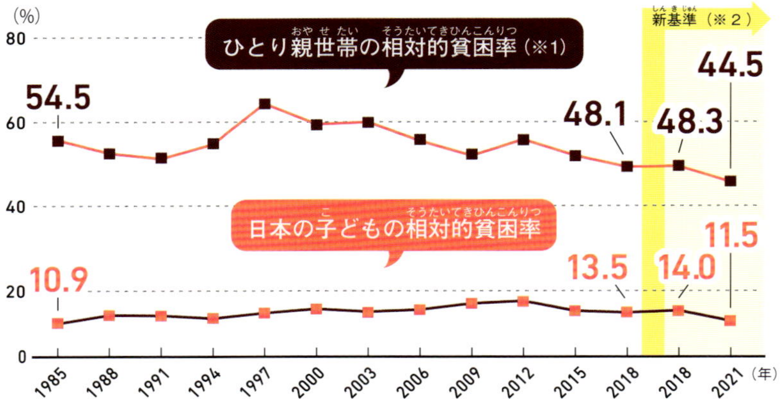

※１ 相対的貧困率…等価可処分所得（世帯の可処分所得［収入から直接税・社会保険料を除いたもの］を世帯人員の平方根で割った金額）の貧困線（等価可処分所得の低い人から順に並べて、真ん中の順位［中央値］の金額の半分の金額。2021 年調査時点では 127 万円）に満たない人の割合。

※２ 新基準…2015 年に改定された OECD（経済協力開発機構）の所得定義の新たな基準。従来の可処分所得から、さらに「自動車税・軽自動車税・自動車重量税」「企業年金の掛金」および「仕送り額」を差し引いたもの。

ひとり親家庭《おやかてい》と「貧困《ひんこん》の連鎖《れんさ》」

ひとり親家庭《おやかてい》で育《そだ》った人《ひと》が、十分《じゅうぶん》な教育《きょういく》の機会《きかい》を得《え》られなかったことで「条件《じょうけん》のよい仕事《しごと》に就《つ》けない」「経済的理由《けいざいてきりゆう》から結《けっ》婚《こん》できない」といった負《ふ》の連鎖《れんさ》（貧困《ひんこん》の連鎖《れんさ》）に陥《おちい》ることも懸念《けねん》されています。

出典：厚生労働省「2022（令和４）年 国民生活基礎調査の概況」

家庭環境《かていかんきょう》ごとの大学進学率《だいがくしんがくりつ》（2021 年《ねん》）

ひとり親家庭《おやかてい》で育《そだ》った子《こ》どもは、
全体《ぜんたい》の平均《へいきん》よりも大学進学率《だいがくしんがくりつ》が低《ひく》い傾向《けいこう》にあります。

	短大《たんだい》	大学《だいがく》	専修学校《せんしゅうがっこう》・各種学校《かくしゅがっこう》	就労《しゅうろう》	その他《た》
全体《ぜんたい》	**4.0%**	**54.9%**	**24.9%**	**15.5%**	**0.7%**
母子家庭《ぼしかてい》	3.3%	41.4%	20.6%	22.2%	12.6%
父子家庭《ふしかてい》	7.6%	28.5%	20.3%	36.1%	7.4%

出典：厚生労働省「令和３年度 全国ひとり親世帯等調査」／文部科学省「令和３年度学校基本調査」「令和３年３月高等学校卒業予定者の就職内定状況（令和３年１月末現在）に関する調査について」

ひとり親《おや》家庭《かてい》も十人十色《じゅうにんといろ》

すべてのひとり親《おや》家庭《かてい》が、生《い》きていくうえで困難《こんなん》が多《おお》いというわけではありません。それぞれの家庭《かてい》にはたくさんの愛《あい》情《じょう》やがんばりがあります。経済的《けいざいてき》に余裕《よゆう》がある家庭《かてい》もあるし、家族《かぞく》で楽《たの》しく支《ささ》え合《あ》いながら暮《く》らしている家庭《かてい》もあります。大切《たいせつ》なことは「ひとり親《おや》家庭《かてい》の子《こ》」というラベルではなく、**目《め》の前《まえ》にいる一人《ひと》ひとりをしっかりと見《み》ることです**。

ひとり親《おや》家庭《かてい》であることで困《こま》ってることがなさそうであれば、他《ほか》の友《とも》だちと同《おな》じように接《せっ》するのがいいでしょう。

一方《いっぽう》で、「親《おや》が一人《ひとり》いない」ということは事実《じじつ》なので、家族《かぞく》の話題《わだい》に触《ふ》れるのは慎重《しんちょう》に。また、「うちひとり親《おや》なんだよね」と言《い》われたときに「あ、ごめん…」と周《まわ》りが沈《しず》んでしまうのは、悪《わる》いことをしたような気《き》にさせてしまうので、よくありません。「そうなんだ。最近《さいきん》そういう家庭《かてい》も増《ふ》えているもんね」など、フラットに受《う》け止《と》めるのがいいでしょう。

ひとり親家庭《おやかてい》の子《こ》の気持《きも》ち

困《こま》ること

ひとり親家庭《おやかてい》といっても、それぞれ事情《じじょう》は異《こと》なります。貧《まず》しい家庭《かてい》もありますが、そうではない家庭《かてい》もあるので、決《き》めつけをせず、コミュニケーションをとるのが大切《たいせつ》です。

夏休《なつやす》みなどどこにも行《い》けず話《はなし》ができない（体験格差《たいけんかくさ》）

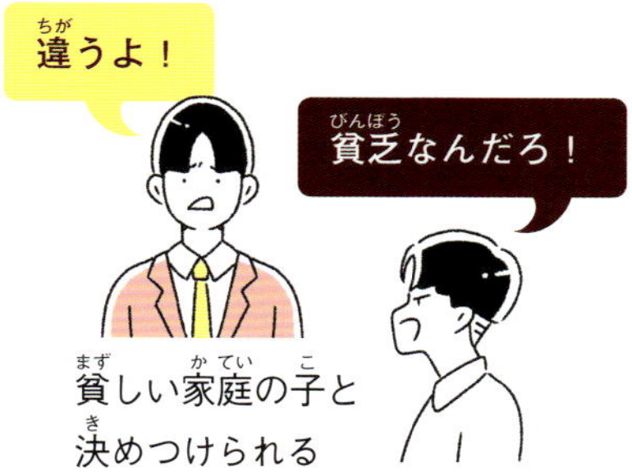

貧《まず》しい家庭《かてい》の子《こ》と決《き》めつけられる

「ひとり親《おや》なんだ」と言《い》うと気《き》まずい沈黙《ちんもく》が生《しょう》じる

よかったこと

ひとり親家庭《おやかてい》で育《そだ》ったからこそ、気《き》づいたことや得《え》られたものがあると考《かんが》える経験者《けいけんしゃ》も多《おお》いようです。

母《はは》（父《ちち》）の偉大《いだい》さがわかった

家事《かじ》の能力《のうりょく》が身《み》についた

つらい境遇《きょうぐう》の人《ひと》に寄《よ》り添《そ》える優《やさ》しさが身《み》についた

支援《しえん》とつながることで未来《みらい》は広《ひろ》がっていく

社会《しゃかい》ではひとり親家庭《おやかてい》を支《ささ》えるためにいろいろなサポートが用意《ようい》されています。たとえば現在《げんざい》、国《くに》や地方自治体《ちほうじちたい》、民間《みんかん》などが、ひとり親家庭《おやかてい》を支援《しえん》するための手当《てあて》の拡充《かくじゅう》、無料塾《むりょうじゅく》などの学習《がくしゅう》ボランティア、こども食堂《しょくどう》といったさまざまな取《と》り組《く》みを行《おこな》っています。

ひとり親家庭《おやかてい》で育《そだ》つなかでも希望《きぼう》の進《しん》路《ろ》を実現《じつげん》し、社会《しゃかい》に出《で》て働《はたら》いている人《ひと》の多《おお》くは「自分《じぶん》は運《うん》が良《よ》かった」と言《い》います。保護者《ほごしゃ》がパワフルだったり、親身《しんみ》になってくれる先生《せんせい》や支《ささ》えてくれる友《とも》だちと出会《であ》えたり。これは素敵《すてき》なことですが、裏《うら》を返《かえ》せばまだまだ**運《うん》に左右《さゆう》されているのがひとり親家庭《おやかてい》の現状《げんじょう》**です。

ひとり親家庭《おやかてい》という環境《かんきょう》は、子《こ》どもの自立心《じりつしん》や協調性《きょうちょうせい》を育《はぐく》むとも言《い》われています。どんな家庭《かてい》や境遇《きょうぐう》で育《そだ》った子《こ》どもでも明《あか》るい未来《みらい》が描《えが》ける社会《しゃかい》を、私《わたし》たち全員《ぜんいん》でつくっていく必要《ひつよう》があります。

広《ひろ》がる民間《みんかん》の支援《しえん》

全国《ぜんこく》に拡大《かくだい》する「こども食堂《しょくどう》」

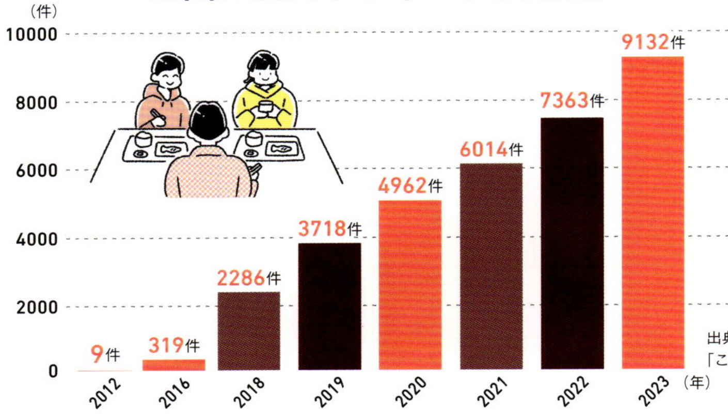

出典：むすびえ「こども食堂について」

こども食堂《しょくどう》

現在《げんざい》、全国《ぜんこく》に地域住民《ちいきじゅうみん》や自《じ》治体《ちたい》などが主体《しゅたい》となって運《うん》営《えい》する「こども食堂《しょくどう》」が増《ふ》えています。こども食堂《しょくどう》では、無料《むりょう》または低額《ていがく》で子《こ》どもや地域《ちいき》の人《ひと》たちに食事《しょくじ》を提供《ていきょう》しています。

奨学金《しょうがくきん》の種類《しゅるい》

経済的《けいざいてき》な理由《りゆう》で大学《だいがく》への進学《しんがく》が難《むずか》しい場合《ばあい》には、奨学金《しょうがくきん》を借《か》りるという方法《ほうほう》もあります。奨《しょう》学金制度《がくきんせいど》は日本学生支援機構《にほんがくせいしえんきこう》のものがもっとも一般的《いっぱんてき》ですが、学校《がっこう》や地方自治体《ちほうじちたい》、民間企《みんかんき》業《ぎょう》などが運営《うんえい》している制度《せいど》もあります。

有利子《ゆうりし》の第二種《だいにしゅ》で借《か》りた場合《ばあい》も、一般《いっぱん》の金融機関《きんゆうきかん》や消費者金融《しょうひしゃきんゆう》よりも金利《きんり》が低《ひく》く設定《せってい》されているため返済額《へんさいがく》が抑《おさ》えられます。

貸与型《たいよがた》

無利子《むりし》で学費《がくひ》を借《か》りられる第一種《だいいっしゅ》と有《ゆう》利子貸与《りしたいよ》の第二種《だいにしゅ》があり、第一種《だいいっしゅ》のほうが、支給条件《しきゅうじょうけん》が厳《きび》しくなります。

給付型《きゅうふがた》

あとで返済《へんさい》する必要《ひつよう》はありませんが、その分《ぶん》、学力基準《がくりょくきじゅん》や家計基準《かけいきじゅん》などの支給条件《しきゅうじょうけん》が厳《きび》しいです。

Theme 3

LGBTQ《エルジービーティーキュー》

僕《ぼく》は、心《こころ》は男性《だんせい》、体《からだ》も男性《だんせい》
ですが、性的指向《せいてきしこう》が同性《どうせい》の
ゲイです。今《いま》は大学《だいがく》1年生《ねんせい》です。
中学《ちゅうがく》の時《とき》から自覚《じかく》していて、
それでも周《まわ》りには誰《だれ》にも
言《い》えませんでした。

高校《こうこう》に入《はい》ってからは
誰《だれ》が可愛《かわい》いとか、
どのアイドルが好《す》きとか、
そういう話《はなし》でずっと嘘《うそ》を
ついていました。

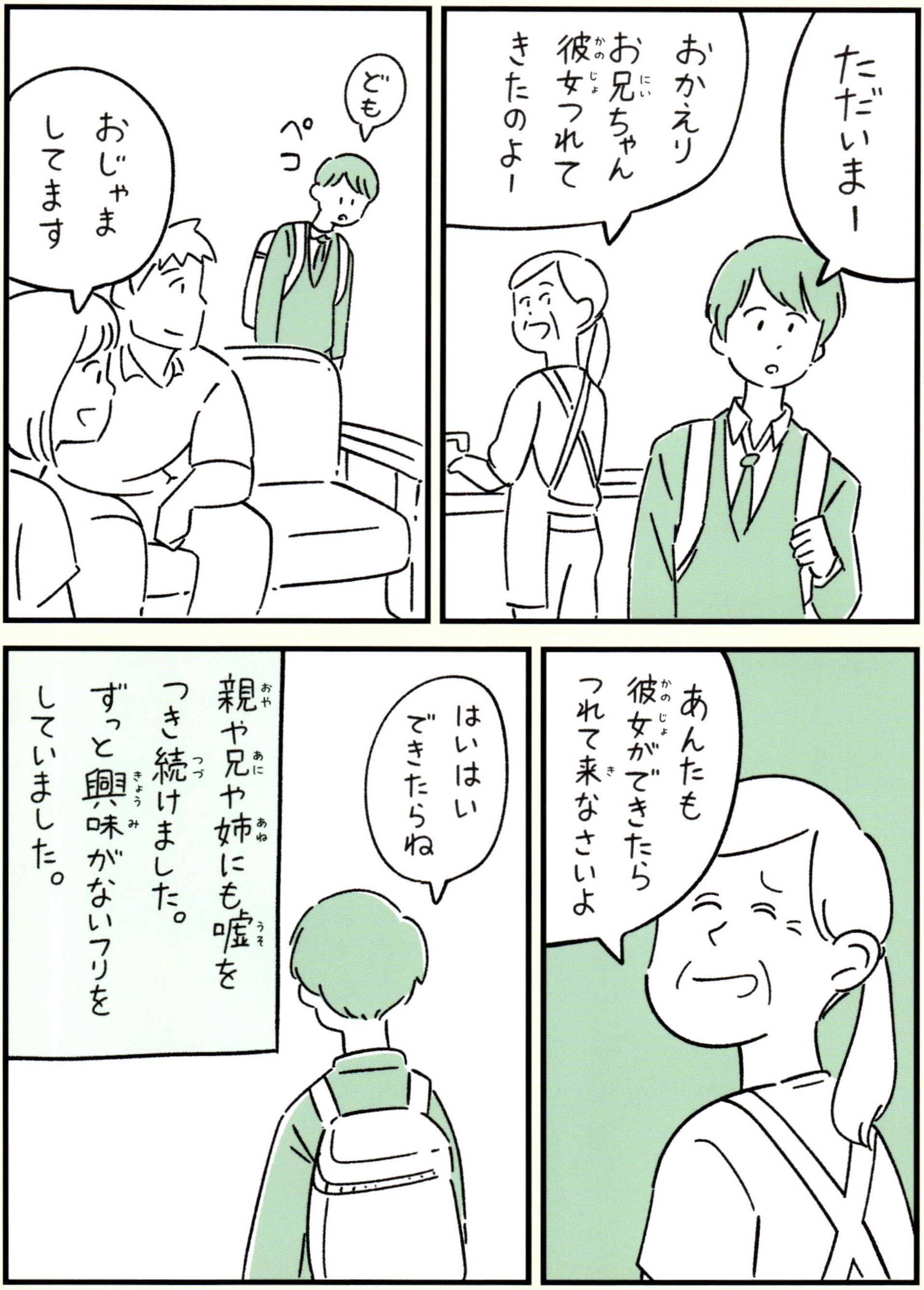
ただいまー
おかえり お兄《にい》ちゃん 彼女《かのじょ》つれて きたのよー
ども
ペコ
おじゃま してます
あんたも 彼女《かのじょ》ができたら つれて来《き》なさいよ
はいはい できたらね
親《おや》や兄《あに》や姉《あね》にも嘘《うそ》を つき続《つづ》けました。 ずっと興味《きょうみ》がないフリを していました。

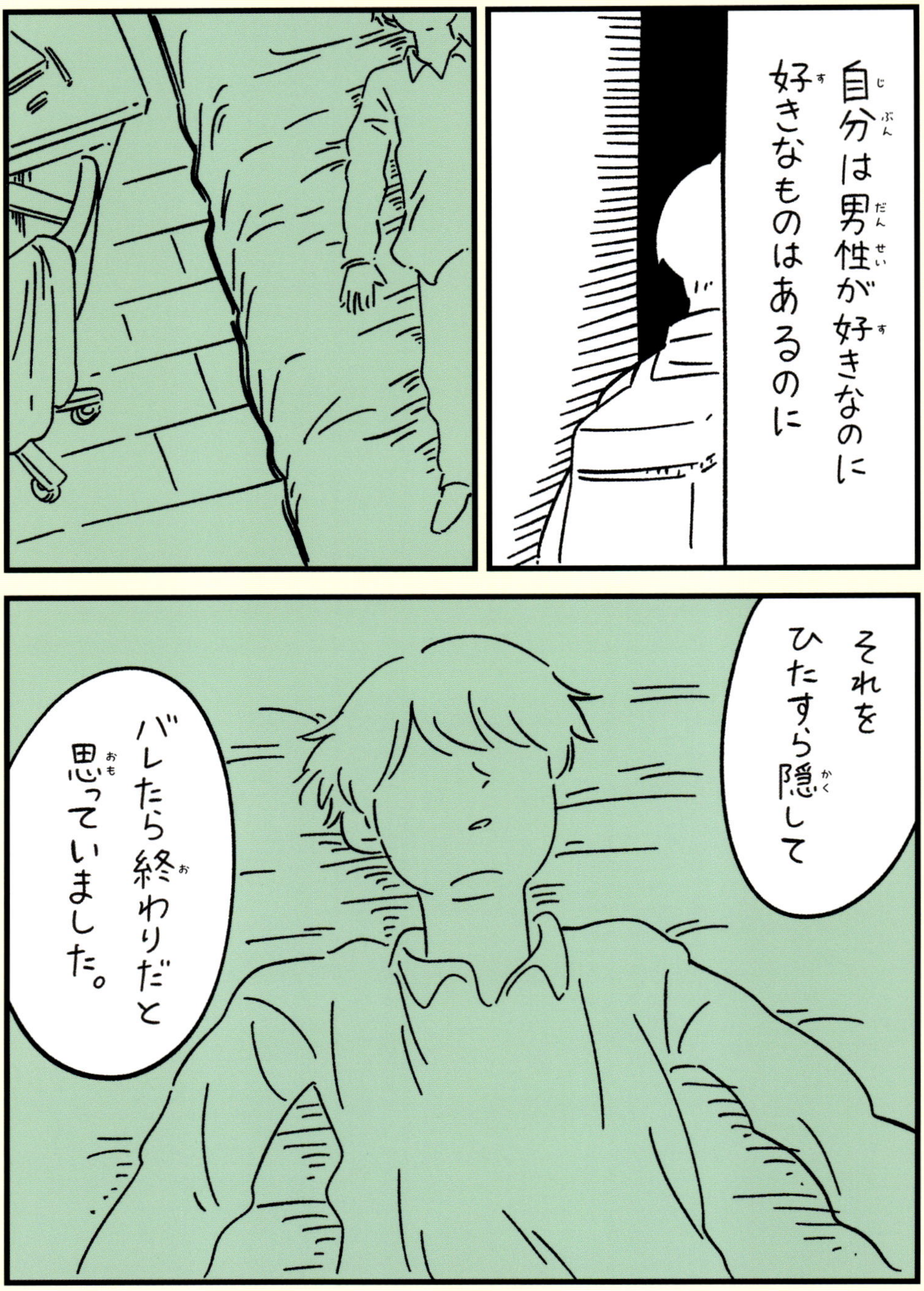
自分《じぶん》は男性《だんせい》が好《す》きなのに
好《す》きなものはあるのに
それをひたすら隠《かく》して
バレたら終《お》わりだと思《おも》っていました。

ホモかお前《まえ》!!
彼《かれ》らにとってはたいした意味《いみ》もない冗談《じょうだん》だったでしょう。ですが、自分《じぶん》のような当事者《とうじしゃ》にとっては、自分《じぶん》が人《ひと》と違《ちが》う異質《いしつ》な者《もの》であることを思《おも》い知《し》らされているように感《かん》じていました。
キモチワリ〜
ネットに上《あ》げたろ
ホモォ…
キャー
やれー
バズらせろー
チュー
ギャー
ワハハハ
ハハハ
オ゛エ゛ー

あいつら仲良《なかよ》すぎん？
ウホッ
ホモなんじゃね？
キモー
どっちが受《う》けかな？
どんだけ！
ホモとゲイとオカマってどうちがうん？
毎日毎日《まいにちまいにち》そういう発言《はつげん》を聞《き》くたびに汗《あせ》が出《で》て動悸《どうき》が激《はげ》しくなり、心《こころ》が痛《いた》みました。
それでもバレないために笑顔《えがお》を無理矢理《むりやり》作《つく》って、平静《へいせい》を装《よそお》っていました。

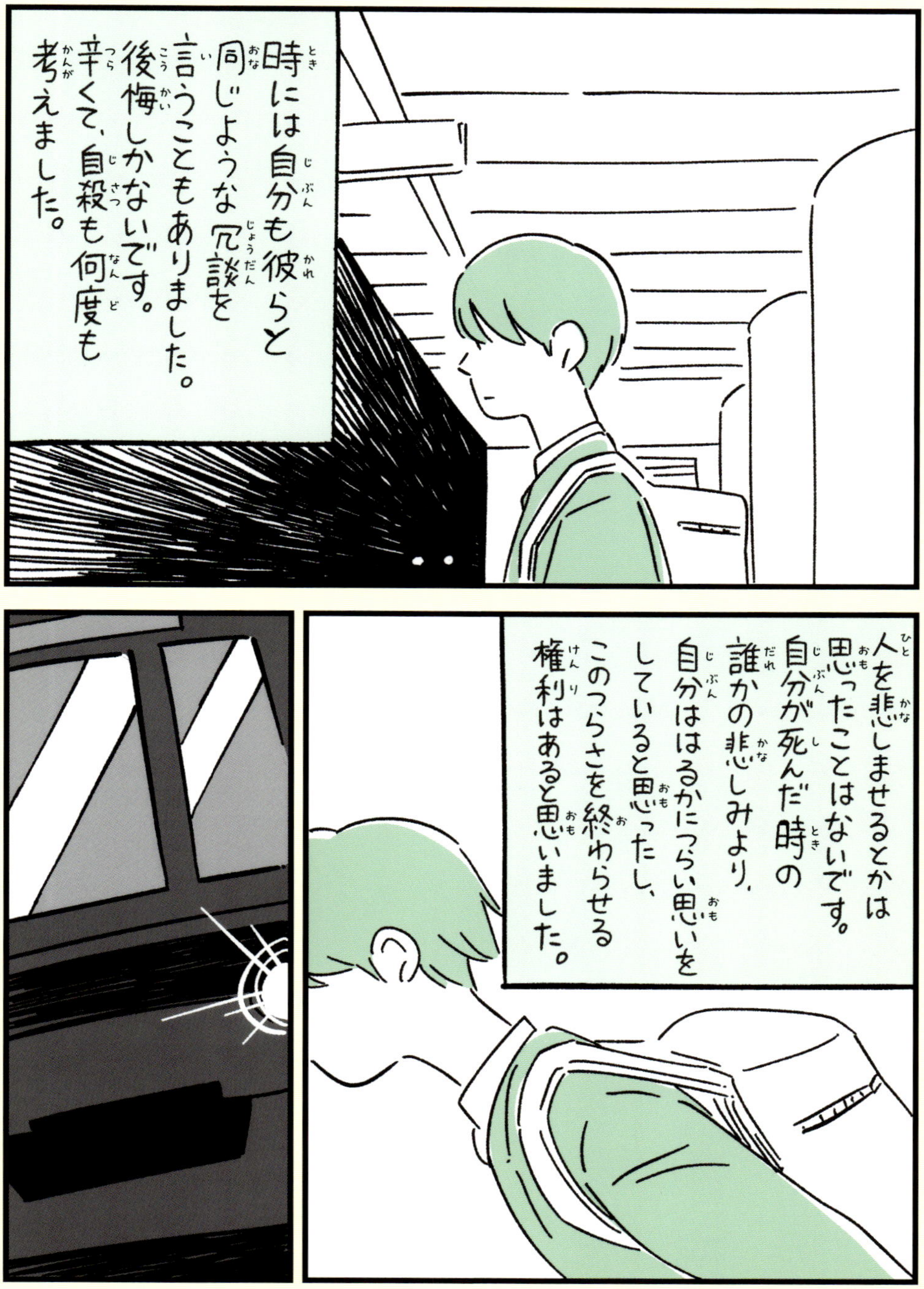
時《とき》には自分《じぶん》も彼《かれ》らと
同《おな》じような冗談《じょうだん》を
言《い》うこともありました。
後悔《こうかい》しかないです。
辛《つら》くて、自殺《じさつ》も何度《なんど》も
考《かんが》えました。
人《ひと》を悲《かな》しませるとかは
思《おも》ったことはないです。
自分《じぶん》が死《し》んだ時《とき》の
誰《だれ》かの悲《かな》しみより、
自分《じぶん》ははるかにつらい思《おも》いを
していると思《おも》ったし、
このつらさを終《お》わらせる
権利《けんり》はあると思《おも》いました。

自分《じぶん》が死《し》を選《えら》ばなかった
のは そういう冗談《じょうだん》を言《い》わ
なくても一緒《いっしょ》にいて楽《たの》しい
人《ひと》が周《まわ》りにいたからです。
彼《かれ》らの存在《そんざい》が自分《じぶん》を
助《たす》けてくれたと思《おも》っています。

高《こう》校《こう》を卒《そつ》業《ぎょう》して、仲《なか》の良《よ》かった友《とも》達《だち》に打《う》ち明《あ》けました。
オレ
実《じつ》はさ…

▶ この話《はなし》を読《よ》んで、心当《こころあ》たりがある、相談《そうだん》したいという方《かた》はこちら

よりそいホットライン

0120-279-338

Theme

3

LGBTQ《エルジービーティーキュー》

同性《どうせい》の人《ひと》を好《す》きになるのはおかしい？

性的《せいてき》マイノリティの総称《そうしょう》 LGBTQ《エルジービーティーキュー》とは？

人《ひと》はみな、性《せい》や恋愛《れんあい》の好《この》みが違《ちが》います。「誰《だれ》を好《す》きになるか」や「自分《じぶん》の性別《せいべつ》をどう感《かん》じるか」も人《ひと》それぞれです。世間一般《せけんいっぱん》で多数派《たすうは》、あるいは〝ふつう〟とみなされる異性愛者《いせいあいしゃ》（男性《だんせい》が女性《じょせい》を、女性《じょせい》が男性《だんせい》を好《す》きになる）に対《たい》して、同性《どうせい》が好《す》きな人《ひと》や自分《じぶん》の性《せい》に違和感《いわかん》を覚《おぼ》える人《ひと》、性同一性障害《せいどういつせいしょうがい》（自分《じぶん》の体《からだ》の性別《せいべつ》と、心《こころ》の性別《せいべつ》が一致《いっち》しない状態《じょうたい》）などの人々《ひとびと》のことを性的《せいてき》マイノリティ（性的少数者《せいてきしょうすうしゃ》）といいます。性的《せいてき》マイノリティの総称《そうしょう》である「LGBTQ《エルジービーティーキュー》」という言葉《ことば》を聞《き》いたことがある人《ひと》も多《おお》いでしょう。

調査《ちょうさ》した機関《きかん》や調査《ちょうさ》方法《ほうほう》によって異《こと》なりますが、**日本におけるLGBTQ《エルジービーティーキュー》の割合《わりあい》は3～10％**と推計《すいけい》されています。

「LGBTQ《エルジービーティーキュー》」とは？

「LGBTQ《エルジービーティーキュー》」とは、性的《せいてき》マイノリティを代表《だいひょう》する
レズビアン、ゲイ、バイセクシュアル、
トランスジェンダー、クエスチョニングの５つの頭文字《かしらもじ》を取《と》った言葉《ことば》です。

L レズビアン **Lesbian**
自分《じぶん》と同性《どうせい》の人《ひと》を好《す》きになる女性《じょせい》

G ゲイ **Gay**
自分《じぶん》と同性《どうせい》の人《ひと》を好《す》きになる男性《だんせい》

B バイセクシュアル **Bisexual**
男女《だんじょ》のどちらも恋愛対象《れんあいたいしょう》になる人《ひと》

T トランスジェンダー **Transgender**
体《からだ》の性《せい》と心《こころ》の性《せい》が一致《いっち》しない人《ひと》

Q クエスチョニング **Questioning**
自分《じぶん》の性別《せいべつ》や恋愛対象《れんあいたいしょう》がわからない人《ひと》

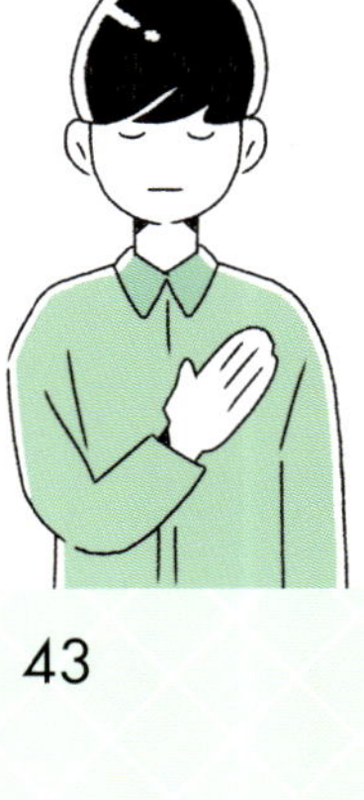

「Q《キュー》」には「クィア（Queer…LGBT《エルジービーティー》に当《あ》てはまらない性的《せいてき》マイノリティ）」を含《ふく》めることも。また、LGBTQ《エルジービーティーキュー》以外《いがい》の性的《せいてき》マイノリティであるアセクシュアル（Asexual…他人《たにん》に性的興味《てききょうみ》を持《も》たない人《ひと》）やアロマンティック（Aromantic…他人《たにん》に恋愛感情《れんあいかんじょう》を抱《いだ》かない人《ひと》）、パンセクシュアル（Pansexual…あらゆるセクシュアリティの相手《あいて》を好《す》きになる人《ひと》）などを含《ふく》めて「LGBTQ＋《エルジービーティーキュープラス》」と称《しょう》する場合《ばあい》もあります。

本心《ほんしん》や悩《なや》みを相談《そうだん》できず孤独《こどく》を感《かん》じる当事者《とうじしゃ》たち

認定《にんてい》NPO《エヌピーオー》法人《ほうじん》ReBit《リビット》が2022年《ねん》に行《おこな》ったアンケート調査《ちょうさ》によると、LGBTQ《エルジービーティーキュー》の若者《わかもの》（12～34歳《さい》）のうち91・6％が「保護者《ほごしゃ》にセクシュアリティに関《かん》して相談《そうだん》できない」と回答《かいとう》。孤独感《こどくかん》が「しばしばある・常《つね》にある」と答《こた》えた10代《だい》の人《ひと》の比率《ひりつ》は29・4％で、これは別《べつ》の調査《ちょうさ》による10代《だい》の全国平均《ぜんこくへいきん》と比《くら》べて8・6倍《ばい》も高《たか》いです。

とくに若《わか》いLGBTQ《エルジービーティーキュー》の人《ひと》たちの多《おお》くは、家族《かぞく》や友《とも》だちなど**いちばん身近《みぢか》な人《ひと》にさえ本心《ほんしん》や悩《なや》みを打《う》ち明《あ》けられずに孤独《こどく》を感《かん》じています**。

また、勇気《ゆうき》を出《だ》して相談《そうだん》しても、アウティング（本人《ほんにん》の許可《きょか》なく、その人《ひと》の性的指向《せいてきしこう》を他人《たにん》に言《い》いふらすこと）されて傷《きず》ついてしまう人《ひと》もいます。

2019年《ねん》に行《おこな》われた調査《ちょうさ》によると、LGBTQ《エルジービーティーキュー》当事者《とうじしゃ》のうちアウティングの被害経験者《ひがいけいけんしゃ》は約《やく》25％もいました。

性《せい》を構成《こうせい》する4つの要素《ようそ》

私《わたし》たちの「性《せい》のあり方《かた》（セクシュアリティ）」は、
以下《いか》の4つの要素《ようそ》の組《く》み合《あ》わせで成《な》り立《た》っているといわれています。
この組《く》み合《あ》わせや各要素《かくようそ》の強弱《きょうじゃく》は多様《たよう》であり、さまざまな性《せい》のあり方《かた》があるのです。

好《す》きになる性《せい》

性的指向《せいてきしこう》

恋愛感情《れんあいかんじょう》や性的《せいてき》な関心《かんしん》が
どの性別《せいべつ》に向《む》いているかという認識《にんしき》。

身体《からだ》の性《せい》

生物学的性《せいぶつがくてきせい》

生《う》まれたときの身体的《しんたいてき》な性《せい》。
出生時《しゅっせいじ》に戸籍《こせき》などに記載《きさい》された性別《せいべつ》。

表現《ひょうげん》する性《せい》

性別表現《せいべつひょうげん》

服装《ふくそう》や仕草《しぐさ》、言葉《ことば》づかいなど、
自分《じぶん》の性《せい》をどのように表現《ひょうげん》しているか。

心《こころ》の性《せい》

性自認《せいじにん》

生《う》まれつきの「身体《からだ》の性《せい》」にかかわらず、
自分《じぶん》が認識《にんしき》している性別《せいべつ》。

多数派《たすうは》と少数派《しょうすうは》で分《わ》けず1対《たい》1の立場《たちば》で考《かんが》えよう

人《ひと》はみな、それぞれに違《ちが》う個性《こせい》があり、異《こと》なる思《おも》いや考《かんが》え、価値観《かちかん》などを持《も》っています。LGBTQ《エルジービーティーキュー》の問題《もんだい》に限《かぎ》らず、常《つね》に「多数者《たすうしゃ》の側《がわ》がふつう」で、「少数者《しょうすうしゃ》の側《がわ》がふつうではない」と一方的《いっぽうてき》に決《き》めつけられる社会《しゃかい》は〝生《い》きやすい社会《しゃかい》〟ではありません。少数派《しょうすうは》に回《まわ》った人《ひと》は、自分《じぶん》らしさを押《お》し殺《ころ》すことになるからです。さまざまな人《ひと》や価値観《かちかん》が共存《きょうぞん》し、それぞれの権利《けんり》が守《まも》られている社会《しゃかい》のほうが、誰《だれ》もが自分《じぶん》らしく自由《じゆう》に生《い》きられます。

すべての人《ひと》の人権《じんけん》を守《まも》るためには、「多《た》数派《すうは》と少数派《しょうすうは》」で分《わ》けるのではなく、自《じ》分《ぶん》の立場《たちば》や意見《いけん》とともに、相手《あいて》のことも「自分《じぶん》がもし、この人《ひと》の立場《たちば》だったら」と、1対《たい》1の発想《はっそう》で考《かんが》える必要《ひつよう》があります。

「自分《じぶん》はふつう」「あの人《ひと》は変《へん》」と区別《くべつ》せず、**相手《あいて》の視点《してん》に立《た》ち、その人《ひと》を理解《りかい》しようとする**ことが、素敵《すてき》な未来《みらい》をつくるための第一歩《だいいっぽ》です。

「保護者《ほごしゃ》に安心《あんしん》して話《はな》せない」人《ひと》が約《やく》9割《わり》

保護者《ほごしゃ》に相談《そうだん》できないLGBTQ《エルジービーティーキュー》の若者《わかもの》（12～34歳《さい》）

91.6%

2022年《ねん》に行《おこな》われた調査《ちょうさ》では、12～34歳《さい》までのLGBTQ《エルジービーティーキュー》の若者《わかもの》の91.6%が「セクシュアリティについて保護者《ほごしゃ》に安心《あんしん》して話《はな》せない」と回答《かいとう》。また、89.1%が「保護者《ほごしゃ》との関係《かんけい》で困難《こんなん》を経験《けいけん》した」と答《こた》えました。

LGBTQ《エルジービーティーキュー》の人《ひと》が経験《けいけん》した学校《がっこう》での主《おも》な困《こま》りごと（複数回答《ふくすうかいとう》）

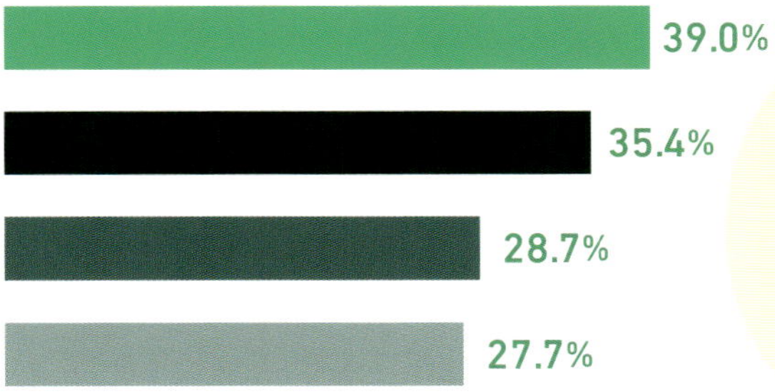

男女別整列《だんじょべつせいれつ》や名前《なまえ》の「さん・くん」分《わ》けなど、不要《ふよう》に男女分《だんじょわ》けをされた	39.0%
生徒《せいと》が、LGBTQ《エルジービーティーキュー》に関《かん》してネタや笑《わら》いものにしていた	35.4%
生徒《せいと》が、性別《せいべつ》を理由《りゆう》に理想的《りそうてき》な行動《こうどう》を指示《しじ》していた	28.7%
先生《せんせい》が、性別《せいべつ》を理由《りゆう》に理想的《りそうてき》な行動《こうどう》を指示《しじ》していた	27.7%

LGBTQ《エルジービーティーキュー》の学生《がくせい》のうち学校《がっこう》で困《こま》りごとを経験《けいけん》したことがある人《ひと》は

70.7%

他《ほか》には……

▶自分《じぶん》が望《のぞ》む性別《せいべつ》での取《と》り扱《あつか》いを受《う》けられなかった 12.9% ▶先生《せんせい》が、LGBTQ《エルジービーティーキュー》に関《かん》してネタや笑《わら》いものにしていた 12.8% ▶勝手《かって》にセクシュアリティをばらされた（アウティング）6.8% ▶生徒《せいと》に、セクシュアリティを受《う》け入《い》れてもらえなかった／否定《ひてい》された 4.8% ▶インターネットやソーシャルメディアで、いやなことをされた 3.9% ▶からかわれたり、悪口《わるくち》を言《い》われたり、無視《むし》や仲間《なかま》はずれにされた 2.9% ▶先生《せんせい》に、セクシュアリティを受《う》け入《い》れてもらえなかった／否定《ひてい》された 2.4% など

出典：認定NPO法人ReBit「LGBTQ子ども・若者調査2022」

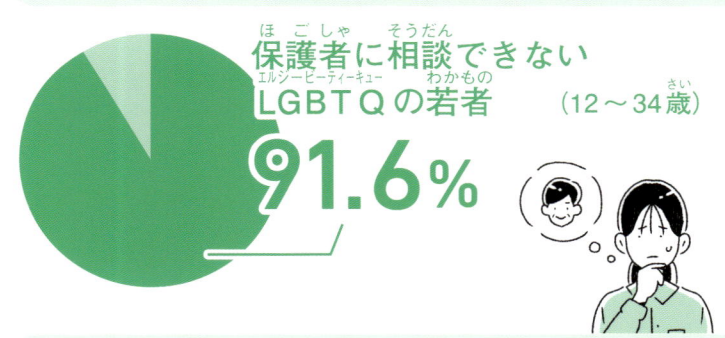

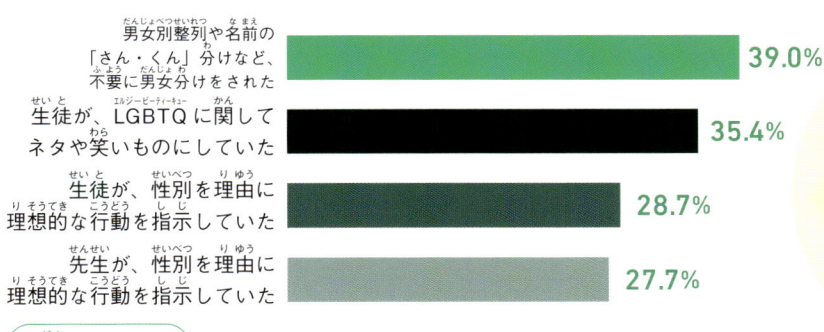

誰《だれ》でも、何《なに》かしら少数派《しょうすうは》なところはある

性《せい》の問題《もんだい》に限《かぎ》らず、誰《だれ》でも何《なに》かしらの「人《ひと》と違《ちが》った部分《ぶぶん》」や「少数派《しょうすうは》に属《ぞく》する部《ぶ》分《ぶん》」はあるものです。あなたにも、思《おも》い当《あ》たる部分《ぶぶん》があるのではないでしょうか。

もしも自分《じぶん》の周《まわ》りにLGBTQ《エルジービーティーキュー》の友《とも》だちがいたら、その人《ひと》を「変《か》わった人《ひと》」などとは考《かんが》えず、他《ほか》の友《とも》だちと同《おな》じように接《せっ》しましょう。**LGBTQ《エルジービーティーキュー》の当事者《とうじしゃ》は、性的指向《せいてきしこう》や性自認《せいじにん》が「少数派《しょうすうは》」なだけ**で、あなたと同《おな》じふつうの人《ひと》です。

また、「男《おとこ》なのに」「女《おんな》なんだから」など、世間一般《せけんいっぱん》の男《おとこ》らしさや女《おんな》らしさといった価値観《かちかん》を押《お》しつけることや、「ゲイ(ホモ)っぽい」「レズっぽい」といったからかいの言葉《ことば》は、冗談《じょうだん》で言《い》ったとしても、当事者《とうじしゃ》の心《こころ》を深《ふか》く傷《きず》つけます。

自分《じぶん》の感《かん》じ方《かた》や考《かんが》え方《かた》、世間《せけん》の常識《じょうしき》などを押《お》しつけてしまうと、生《い》きにくい人《ひと》が出《で》てきます。自分《じぶん》はそのように振《ふ》る舞《ま》っていないか、気《き》をつけましょう。

LGBTQ《エルジービーティーキュー》の当事者《とうじしゃ》ではない人《ひと》が気《き》をつけるべきこと

「男《おとこ》らしさ」や「女《おんな》らしさ」といった一方的《いっぽうてき》な価値観《かちかん》の押《お》しつけ

性指向《せいしこう》や性自認《せいじにん》などに関《かん》したからかいや、無作法《ぶさほう》な質問《しつもん》

本人《ほんにん》の同意《どうい》を得《え》ずに他《ほか》の人《ひと》に性指向《せいしこう》や性自認《せいじにん》をばらす

Theme 4

障害《しょうがい》

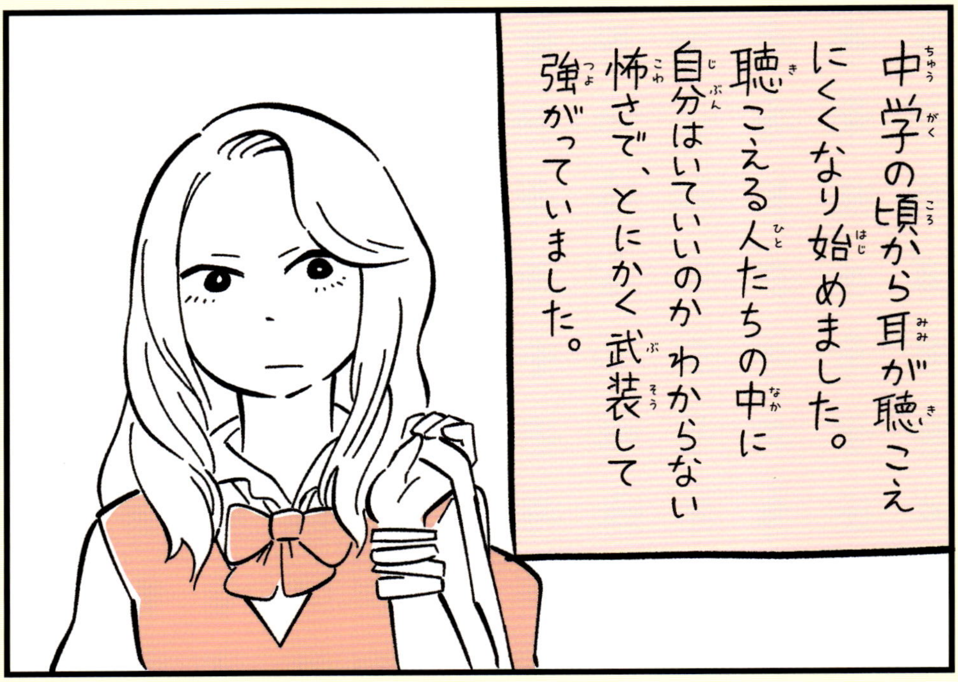
中学《ちゅうがく》の頃《ころ》から耳《みみ》が聴《き》こえ
にくくなり始《はじ》めました。
聴《き》こえる人《ひと》たちの中《なか》に
自分《じぶん》はいていいのか わからない
怖《こわ》さで、とにかく武装《ぶそう》して
強《つよ》がっていました。

ギャルのカッコをして
街《まち》にいれば とりあえず
ノリでなんとかなると
思《おも》っていました。
本の未来は
ow wow wow

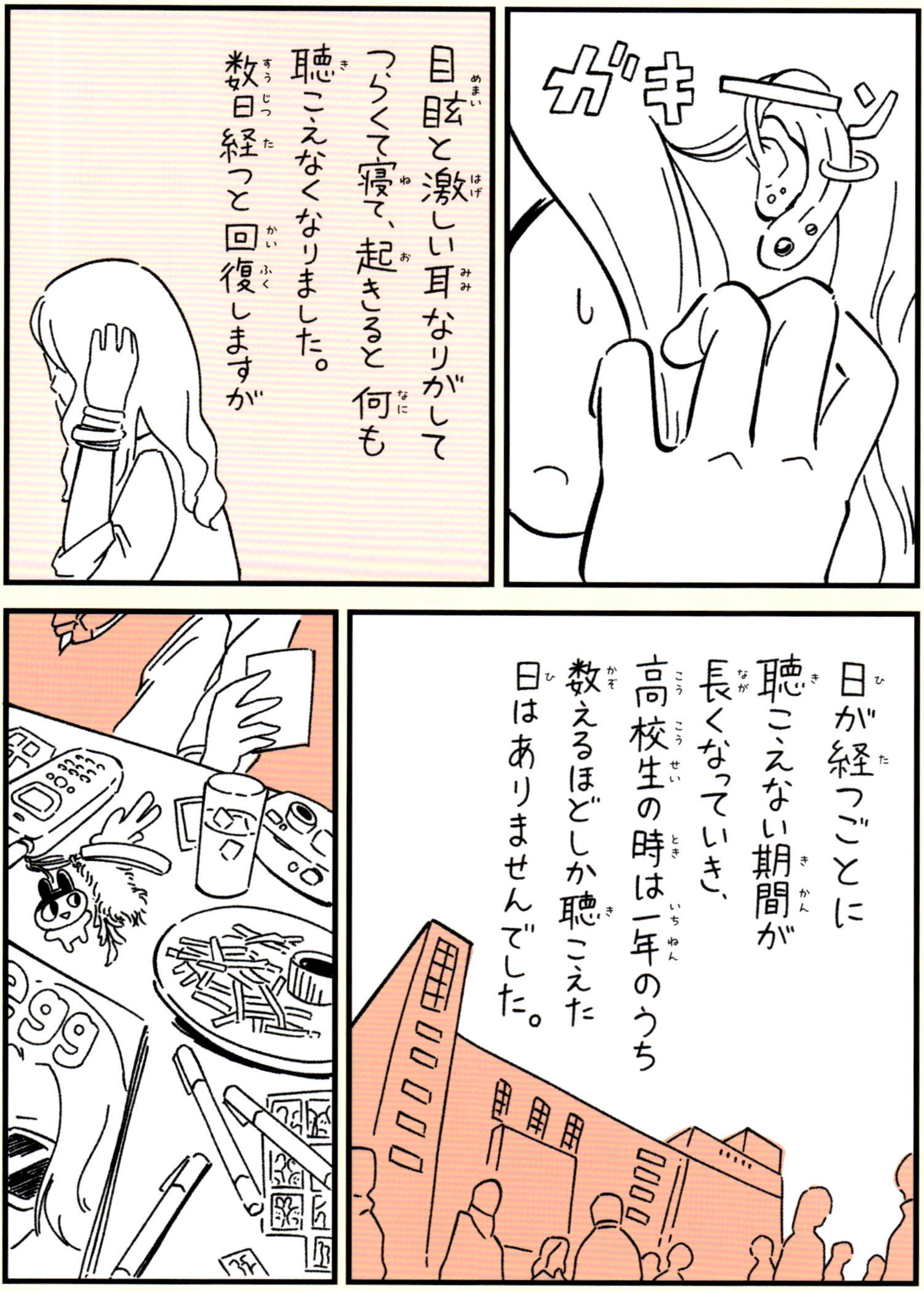
ガキーン
目眩《めまい》と激《はげ》しい耳《みみ》なりがして
つらくて寝《ね》て、起《お》きると何《なに》も
聴《き》こえなくなりました。
数日《すうじつ》経《た》つと回復《かいふく》しますが
日《ひ》が経《た》つごとに
聴《き》こえない期間《きかん》が
長《なが》くなっていき、
高校生《こうこうせい》の時《とき》は一年《いちねん》のうち
数《かぞ》えるほどしか聴《き》こえた
日《ひ》はありませんでした。

!!
あ…

普段《ふだん》一緒《いっしょ》に遊《あそ》んでいた
ギャルの子《こ》たちとも話《はなし》が
スムーズにできなくなってきて
なんとなく会話《かいわ》を
避《さ》けられるように
なっていきました。

このまま
人《ひと》とのつながりが
なくなってしまったら
私《わたし》はどうしたら
いいのだろうと
思《おも》っていました。

ある日《ひ》美術《びじゅつ》の授業中《じゅぎょうちゅう》に
先生《せんせい》が美術部《びじゅつぶ》に誘《さそ》ってくれました。
美術室

どうぞ

ビューティフル
ライフみた？
いや
コマ
怖いわ

そこでは
みんなすんなりと
耳《みみ》のことを受《う》け入《い》れて
くれて、ドラマやマンガの話《はなし》
恋話《こいばな》、本当《ほんとう》に
たわいのない話《はなし》を
たくさんしました。
それ何《なに》つけてるの？
イヤーマフ
聴《き》こえない感《かん》じ知《し》ってた方《ほう》がフォローしやすいかなって思《おも》って
高校時代《こうこうじだい》のあっという間《ま》の時間《じかん》の中《なか》で
ナイトオブファイヤー
美術部《びじゅつぶ》メンバーとすごした何《なん》でもない時間《じかん》が私《わたし》には宝《たから》ものの思《おも》い出《で》です。

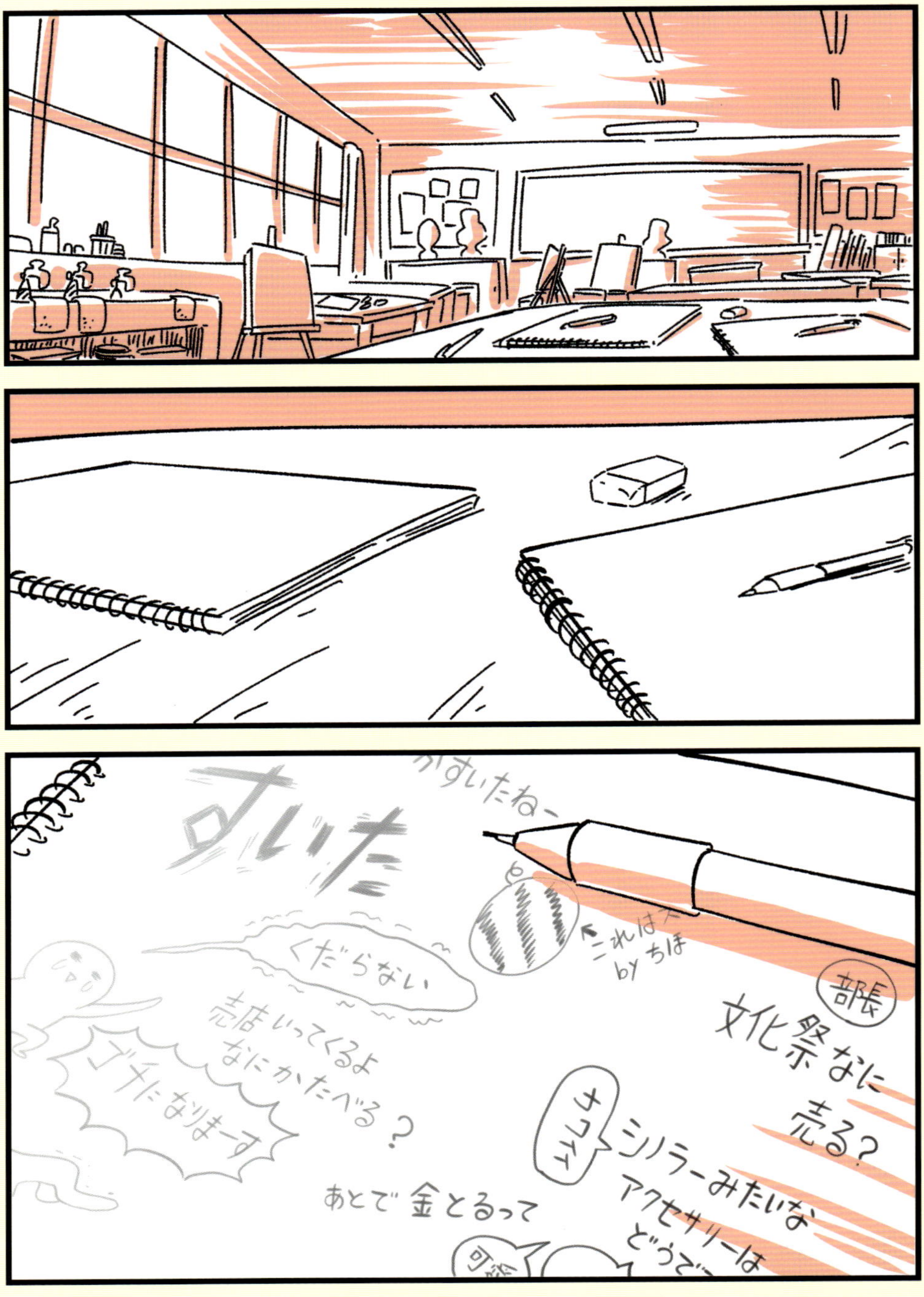

▶ この話《はなし》を読《よ》んで、心当《こころあ》たりがある、相談《そうだん》したいという方《かた》はこちら

児童相談所相談専用《じどうそうだんじょそうだんせんよう》ダイヤル

0120-189-783

Theme 4

障害《しょうがい》

「障害《しょうがい》」があると何《なに》が困《こま》る？

日本ではおよそ10人《にん》に1人《ひとり》に障害《しょうがい》がある

「障害《しょうがい》」とは、身体《からだ》や心《こころ》のどこかがうまく働《はたら》かないために、日常生活《にちじょうせいかつ》や社会生活《しゃかいせいかつ》において不便《ふべん》を感《かん》じたり困《こま》ったりする状態《じょうたい》が続《つづ》くことを指《さ》します。

障害《しょうがい》には大《おお》きく分《わ》けると「身体障害《しんたいしょうがい》」「知《ち》的《てき》障《しょう》害《がい》」「精《せい》神《しん》障《しょう》害《がい》」があり、2022年《ねん》の厚生労働省《こうせいろうどうしょう》の調査《ちょうさ》によると、日本には**人口《じんこう》の9・3％にあたる約《やく》1164万《まん》6千人《せんにん》の障害者《しょうがいしゃ》がいる**と推計《すいけい》されています（身体障害者《しんたいしょうがいしゃ》は約《やく》423万人《まんにん》、知的障害者《ちてきしょうがいしゃ》は約《やく》126万《まん》8千人《せんにん》、精神障害者《せいしんしょうがいしゃ》は約《やく》614万《まん》8千人《せんにん》）。とても多《おお》いと思《おも》いませんか？　障害《しょうがい》がある人《ひと》は、珍《めずら》しい存在《そんざい》ではないのです。社会《しゃかい》には、生《う》まれたときから障害《しょうがい》がある人《ひと》も、事故《じこ》や病気《びょうき》、加齢《かれい》などで障害者《しょうがいしゃ》になった人《ひと》もいます。

障害《しょうがい》の種類《しゅるい》の例《れい》

知的障害《ちてきしょうがい》

生活《せいかつ》や学習面《がくしゅうめん》で現《あらわ》れる知的《ちてき》な働《はたら》きや発達《はったつ》が同年齢《どうねんれい》の人《ひと》と比《くら》べてゆっくりしている。重度《じゅうど》から軽度《けいど》まで、障害《しょうがい》の現《あらわ》れ方《かた》は人《ひと》によって異《こと》なる。

身体障害《しんたいしょうがい》

視覚障害《しかくしょうがい》や聴覚障害《ちょうかくしょうがい》、肢体不自由《したいふじゆう》、内部障害《ないぶしょうがい》（主《おも》に内臓機能《ないぞうきのう》の障害《しょうがい》）などがある。聴覚障害《ちょうかくしょうがい》や内部障害《ないぶしょうがい》は、見《み》た目《め》ではわからないことも多《おお》い。

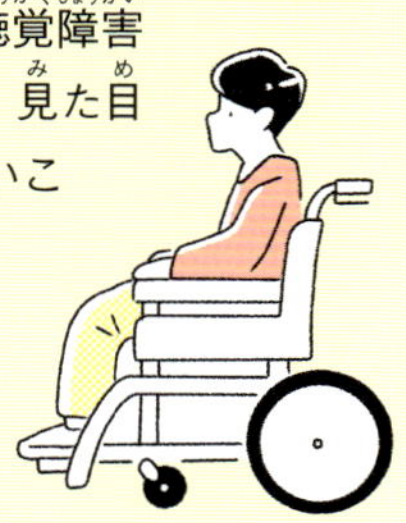

発達障害《はったつしょうがい》

注意欠如多動症《ちゅういけつじょたどうしょう》（ADHD《エーディーエイチディー》）、自閉《じへい》スペクトラム症《しょう》（ASD《エーエスディー》）、限局性学習症《げんきょくせいがくしゅうしょう》（SLD《エスエルディー》）など、生《う》まれつきの脳《のう》の特性《とくせい》が原因《げんいん》の障害《しょうがい》（DSM-5-TRより）。外見《がいけん》でわかることは少《すく》ないが、生《い》きにくさを抱《かか》えている。

精神障害《せいしんしょうがい》

うつ病《びょう》や統合失調症《とうごうしっちょうしょう》（考《かんが》えや気持《きも》ちがまとまらない病気《びょうき》）、薬物依存症《やくぶついぞんしょう》、高次脳機能障害《こうじのうきのうしょうがい》（脳《のう》の一部《いちぶ》の損傷《そんしょう》により認知《にんち》や行動《こうどう》に障害《しょうがい》が現《あらわ》れる）などの病気《びょうき》。

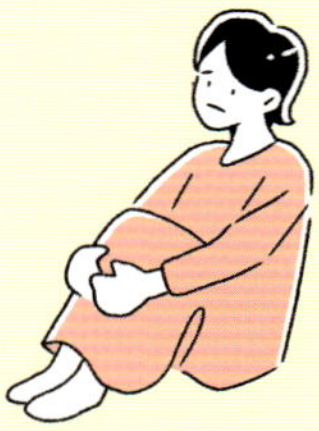

※「障害者基本法《しょうがいしゃきほんほう》」でいう精神障害《せいしんしょうがい》には発達障害《はったつしょうがい》も含《ふく》まれる。

障害《しょうがい》がある人《ひと》への理解《りかい》を深《ふか》めよう

障害《しょうがい》がある人《ひと》には、健常者《けんじょうしゃ》（障害《しょうがい》がない人《ひと》）にはわからない悩《なや》みや困《こま》りごとがあることが多《おお》いです。一口《ひとくち》に障害《しょうがい》といっても種類《しゅるい》や重度《じゅうど》はさまざまで、悩《なや》みや困《こま》りごとの内容《ないよう》もそれぞれに異《こと》なります。

障害者《しょうがいしゃ》の中《なか》には、職場《しょくば》で差別的《さべってき》な待遇《たいぐう》を受《う》けたり、お店《みせ》でのサービスを拒否《きょひ》されたりといった差別《さべつ》や偏見《へんけん》に苦《くる》しんでいる人《ひと》もいます。

また、内部障害《ないぶしょうがい》や聴覚障害《ちょうかくしょうがい》、精神障害《せいしんしょうがい》、発達障害《はったつしょうがい》などは、外見《がいけん》からは障害《しょうがい》があることがわかりづらいため、それぞれが抱《かか》えている不便《ふべん》さや悩《なや》みについて理解《りかい》を得《え》るのが難《むずか》しい傾向《けいこう》にあります。

周《まわ》りの人《ひと》の理解《りかい》やサポートがあれば、障害者《しょうがいしゃ》が不便《ふべん》さや困難《こんなん》さを感《かん》じないで済《す》むこともあります。困《こま》っている人《ひと》を見《み》かけたら「何《なに》か困《こま》っていることはありますか？」などと声《こえ》をかけて、本人《ほんにん》の意志《いし》を尊重《そんちょう》しながら、サポートをしましょう。

障害《しょうがい》のある当事者《とうじしゃ》からのメッセージ

以下《いか》は内閣府《ないかくふ》が 2004 年《ねん》に行《おこな》った「障害《しょうがい》のある当事者《とうじしゃ》からのメッセージ」の意見募集《いけんぼしゅう》に寄《よ》せられた意見《いけん》の一部《いちぶ》です。

	必要《ひつよう》な配慮《はいりょ》について知《し》ってほしいこと	障害《しょうがい》について知《し》ってほしいこと
 視覚障害《しかくしょうがい》	タッチパネル式《しき》の機械《きかい》だとうまく操作《そうさ》できない	視覚障害者《しかくしょうがいしゃ》が点字《てんじ》を読《よ》めるとは限《かぎ》らない
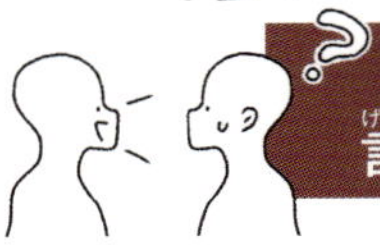 聴覚《ちょうかく》・言語障害《げんごしょうがい》	テレビの字幕放送《じまくほうそう》や手話《しゅわ》入《い》り放送《ほうそう》を充実《じゅうじつ》させてほしい	音声《おんせい》での情報《じょうほう》が理解《りかい》できず、アナウンスされてもわからない
 肢体不自由《したいふじゆう》	和式《わしき》のトイレは利用《りよう》できない人《ひと》もいるので、公共《こうきょう》トイレには必《かなら》ず洋式《ようしき》トイレも設置《せっち》してほしい	車《くるま》イスを利用《りよう》していると、ちょっとした段差《だんさ》や障害物《しょうがいぶつ》があると前《まえ》に進《すす》むことができない
 内部障害《ないぶしょうがい》	疲《つか》れやすいが外見上《がいけんじょう》わからないため、優先席《ゆうせんせき》に座《すわ》りにくい	外見《がいけん》ではわからないため、周《まわ》りから理解《りかい》されにくい
 知的障害《ちてきしょうがい》	わかりやすい言葉《ことば》でゆっくり話《はな》してほしい	自分《じぶん》の意見《いけん》を表現《ひょうげん》したり、質問《しつもん》したりすることが苦手《にがて》
 精神障害《せいしんしょうがい》	精神障害者《せいしんしょうがいしゃ》を特別視《とくべつし》せず、その人《ひと》らしさを尊重《そんちょう》して、笑顔《えがお》で優《やさ》しく接《せっ》してほしい	精神障害《せいしんしょうがい》とわかると不利《ふり》な扱《あつか》いを受《う》けることが多《おお》いので、知《し》られたくない人《ひと》も多《おお》い

“障害《しょうがい》”はどこにある？

たとえばいま、目《め》の前《まえ》に階段《かいだん》があり車《くるま》イスに乗《の》った人《ひと》が進《すす》めずに困《こま》っているとします。以前《いぜん》は「車《くるま》イスの人《ひと》が進《すす》めない（階段《かいだん》を上《のぼ》れない）原因《げんいん》は、個人《こじん》の側《がわ》にある」とされていました。このような考《かんが》え方《かた》を「障害《しょうがい》の医学《いがく》（個人《こじん》）モデル」といいます。

しかし、いまは「車《くるま》イスの人《ひと》が進《すす》めない原因《げんいん》は階段《かいだん》しか用意《ようい》されていないせいで、スロープやエレベーターを設置《せっち》すべき」という考《かんが》え方《かた》が主流《しゅりゅう》になりました。これを「障害《しょうがい》の社会《しゃかい》モデル」といいます。**障《しょう》害《がい》は社会《しゃかい》の側《がわ》にあり、その障害《しょうがい》を減《へ》らしていくべき**だとされているのです。

障害《しょうがい》がある人《ひと》にとって、社会《しゃかい》には下《した》の図《ず》のような４つのバリアがあるとされています。

障害《しょうがい》がある人《ひと》が社会《しゃかい》の中《なか》で出合《であ》う困《こま》りごとをできる限《かぎ》り取《と》り除《のぞ》くための調整《ちょうせい》や変更《へんこう》（合理的配慮《ごうりてきはいりょ》）も法律《ほうりつ》で義務化《ぎむか》されています。誰《だれ》もが過《す》ごしやすい社会《しゃかい》の実現《じつげん》のため、世界《せかい》は変《か》わってきています。

「４つの社会障壁《しゃかいしょうへき》（バリア）」とは？

障害《しょうがい》がある人《ひと》にとって、社会《しゃかい》には主《おも》に以下《いか》の４つの障壁《しょうへき》（不便《ふべん》や困難《こんなん》を感《かん》じさせる要因《よういん》）があるといわれています。

文化《ぶんか》・情報《じょうほう》のバリア

情報《じょうほう》が音声《おんせい》のみ、文字《もじ》のみなどで必要《ひつよう》な情報《じょうほう》を十分《じゅうぶん》に得《え》られないバリア

物理的《ぶつりてき》なバリア

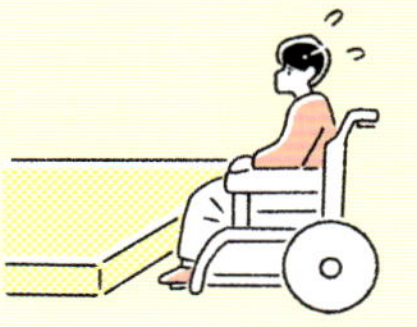

道路《どうろ》や建物《たてもの》、駅《えき》などにおいて物理的《ぶつりてき》に生《しょう》じるバリア

心《こころ》のバリア

障害《しょうがい》への無関心《むかんしん》、偏見《へんけん》、差別《さべつ》などにより発生《はっせい》するバリア

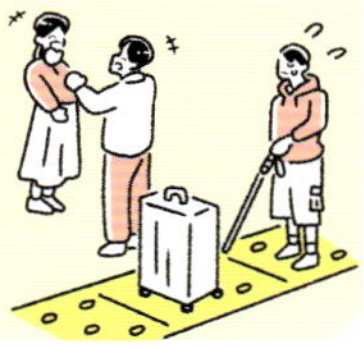

制度的《せいどてき》なバリア

教育《きょういく》や就労《しゅうろう》、社会生活《しゃかいせいかつ》などで制度《せいど》やルールの制約《せいやく》により生《しょう》じるバリア

「平等《びょうどう》」と「公平《こうへい》」の違《ちが》い

平等《びょうどう》

公平《こうへい》

「平等《びょうどう》」と「公平《こうへい》」は、似《に》ているようで違《ちが》います。平等《びょうどう》とは、すべての人《ひと》に同《おな》じ条件《じょうけん》を提供《ていきょう》すること。一方《いっぽう》、公平《こうへい》とは、個人《こじん》の違《ちが》いや状況《じょうきょう》などに応《おう》じて、一人《ひとり》ひとりに必要《ひつよう》なサポートを提供《ていきょう》することです。社会《しゃかい》やあなたの心《こころ》の中《なか》に、障害《しょうがい》のある人《ひと》に対《たい》して「平等《びょうどう》という名《な》の不公平《ふこうへい》」がないか、考《かんが》えてみましょう。

「決《き》めつける」のではなく「配慮《はいりょ》」を心《こころ》がけよう

　障害《しょうがい》がある人《ひと》の中《なか》には、困《こま》ったことがあっても「迷惑《めいわく》がられるかも」と考《かんが》えて、周《まわ》りの人《ひと》にサポートをお願《ねが》いしづらい人《ひと》もいます。災害時《さいがいじ》も含《ふく》めて、困《こま》っている人《ひと》を見《み》かけたら、まずは声《こえ》をかけて「何《なに》かお困《こま》りですか？」とサポートを申《もう》し出《で》ましょう。聴覚障害《ちょうかくしょうがい》や知的障害《ちてきしょうがい》などの場《ば》合《あい》、会話《かいわ》でのコミュニケーションが難《むずか》しいこともあります。その場合《ばあい》は、筆談《ひつだん》やスマホを用《もち》いて文字《もじ》でコミュニケーションをとる、相手《あいて》の要望《ようぼう》がわかるまで時間《じかん》をかけて話《はなし》を聞《き》くといった配慮《はいりょ》も必要《ひつよう》です。
　サポートを申《もう》し出《で》るのは、心《こころ》や時間《じかん》に余裕《よゆう》があるときにしましょう。**決《けっ》して自《じ》分《ぶん》も無理《むり》をしてはいけません。**また、障《しょう》害《がい》があるといっても、何《なに》もできないわけではありませんので、介入《かいにゅう》しすぎるのはよくありません。どんなことをしてほしいのか、何《なに》に困《こま》っているかを聞《き》いて、相《あい》手《て》に合《あ》ったサポートを心《こころ》がけましょう。

障害《しょうがい》がある人《ひと》へのサポートとは？

人《ひと》それぞれ必要《ひつよう》なサポートは異《こと》なります。困《こま》っていそうな人《ひと》を見《み》かけたら、まずは「何《なに》かお困《こま》りですか？」と聞《き》いてみましょう。

聴覚障害者《ちょうかくしょうがいしゃ》

- 筆談《ひつだん》をする
- スマホを使《つか》って文字《もじ》で伝《つた》える

Point
聴覚障害者《ちょうかくしょうがいしゃ》の中《なか》には手話《しゅわ》ができない人《ひと》も大勢《おおぜい》いるので気《き》をつけましょう。

視覚障害者《しかくしょうがいしゃ》

- 行《い》きたい場所《ばしょ》に案内《あんない》する
- 文字《もじ》を読《よ》んであげる

Point
盲導犬《もうどうけん》に触《ふ》れたり、白杖《はくじょう》を持《も》ったりするのはやめましょう。

身体障害者《しんたいしょうがいしゃ》

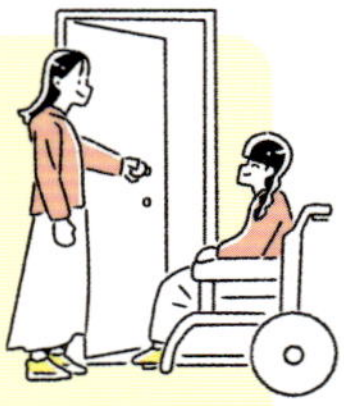

- ドアの開閉《かいへい》を手伝《てつだ》う
- 高《たか》い場所《ばしょ》にあるものを取《と》ってあげる

Point
車《くるま》イスの人《ひと》と話《はな》すときは、相手《あいて》と目線《めせん》が合《あ》う高《たか》さで話《はな》すことを心《こころ》がけましょう。

知的障害者《ちてきしょうがいしゃ》

- 絵《え》や写真《しゃしん》、図《ず》などで伝《つた》える
- ゆっくりとわかりやすく話《はな》す

Point
知的障害《ちてきしょうがい》や自閉症《じへいしょう》、聴覚障害《ちょうかくしょうがい》などの人《ひと》たちには、コミュニケーション支援《しえん》ボードを使《つか》って話《はな》すという方法《ほうほう》も。

画像提供：公益財団法人 明治安田こころの健康財団

内部障害者《ないぶしょうがいしゃ》

- 電車《でんしゃ》やバスなどで席《せき》を譲《ゆず》る

Point
見《み》た目《め》でわからなくても援助《えんじょ》や配慮《はいりょ》が必要《ひつよう》な人《ひと》は、ヘルプマークをつけていることもあります。

画像提供：東京都福祉局

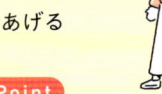

Theme 5

虐待《ぎゃくたい》

うちの家庭《かてい》は、母《はは》、姉《あね》、おじいちゃん、僕《ぼく》、母《はは》のお兄《にい》さんの5人《にん》で住《す》んでいました。基本《きほん》母《はは》は朝《あさ》から晩《ばん》まで仕事《しごと》で、僕《ぼく》ら家族《かぞく》は助《たす》け合《あ》い役割《やくわり》など決《き》めて過《す》ごしてきました。
母《はは》のお兄《にい》さんは、パチンコや女《おんな》の人《ひと》を連《つ》れ込《こ》んでお金《かね》も入《い》れずやりたい放題《ほうだい》でした。

あ、おかえりなさい
今《いま》作《つく》ってるところで…
ご飯《はん》ができていなかったり、口《くち》に合《あ》わなかったり、そうじができていなかったりすると、僕《ぼく》と姉《あね》は暴力《ぼうりょく》をふるわれていました。

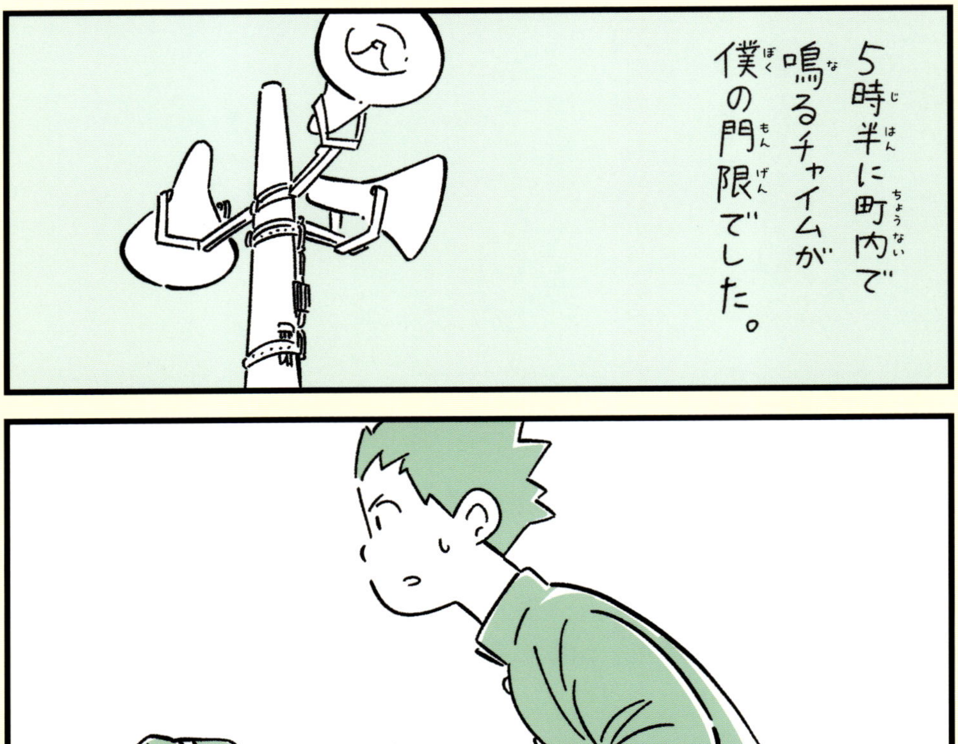
5時《じ》半《はん》に町内《ちょうない》で
鳴《な》るチャイムが
僕《ぼく》の門限《もんげん》でした。
中学生《ちゅうがくせい》になり部活《ぶかつ》で
いそがしかった僕《ぼく》は、
ある日《ひ》門限《もんげん》を5分《ふん》
過《す》ぎてしまいました。

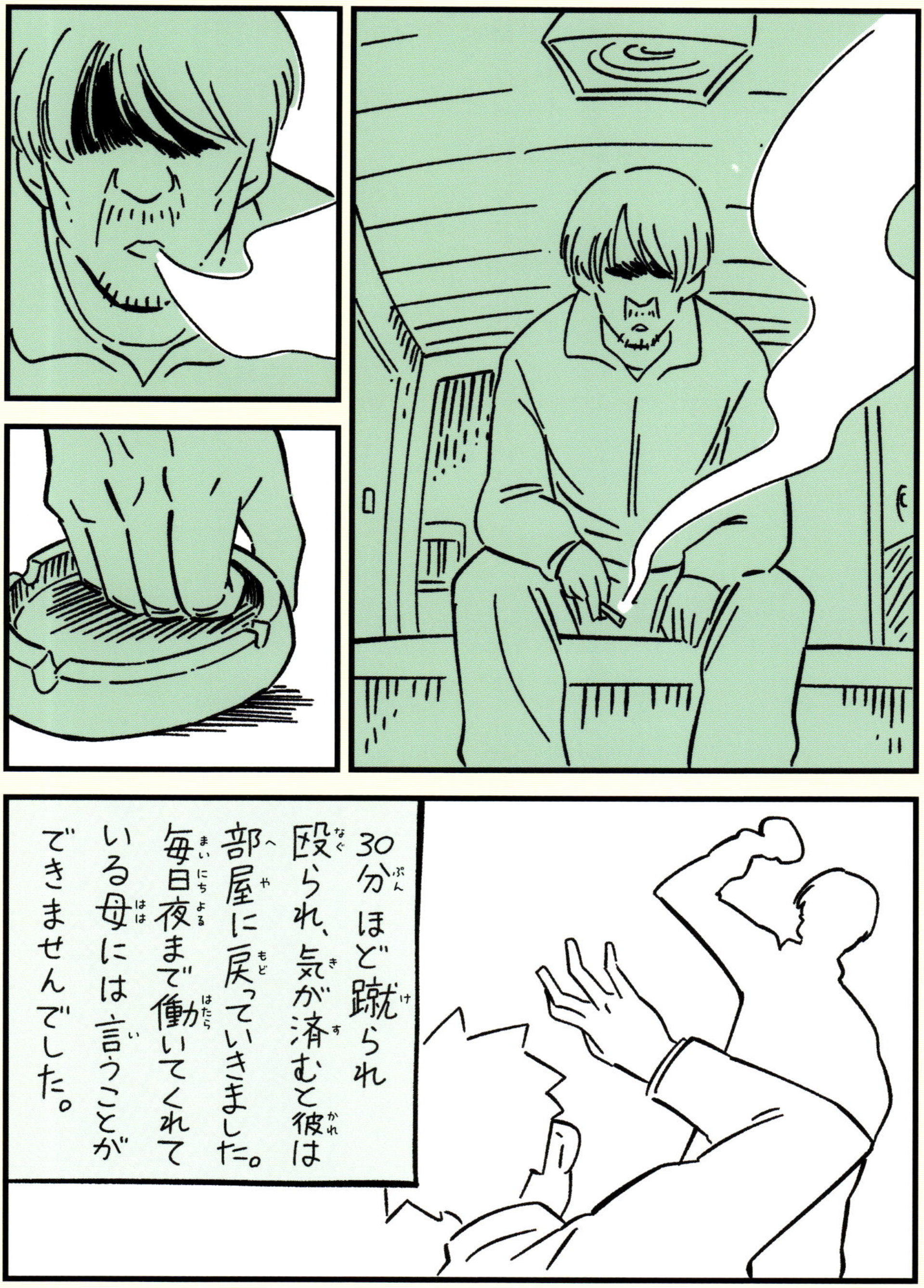
30分《ぷん》ほど蹴《け》られ
殴《なぐ》られ、気《き》が済《す》むと彼《かれ》は
部屋《へや》に戻《もど》っていきました。
毎日夜《まいにちよる》まで働《はたら》いてくれて
いる母《はは》には言《い》うことが
できませんでした。

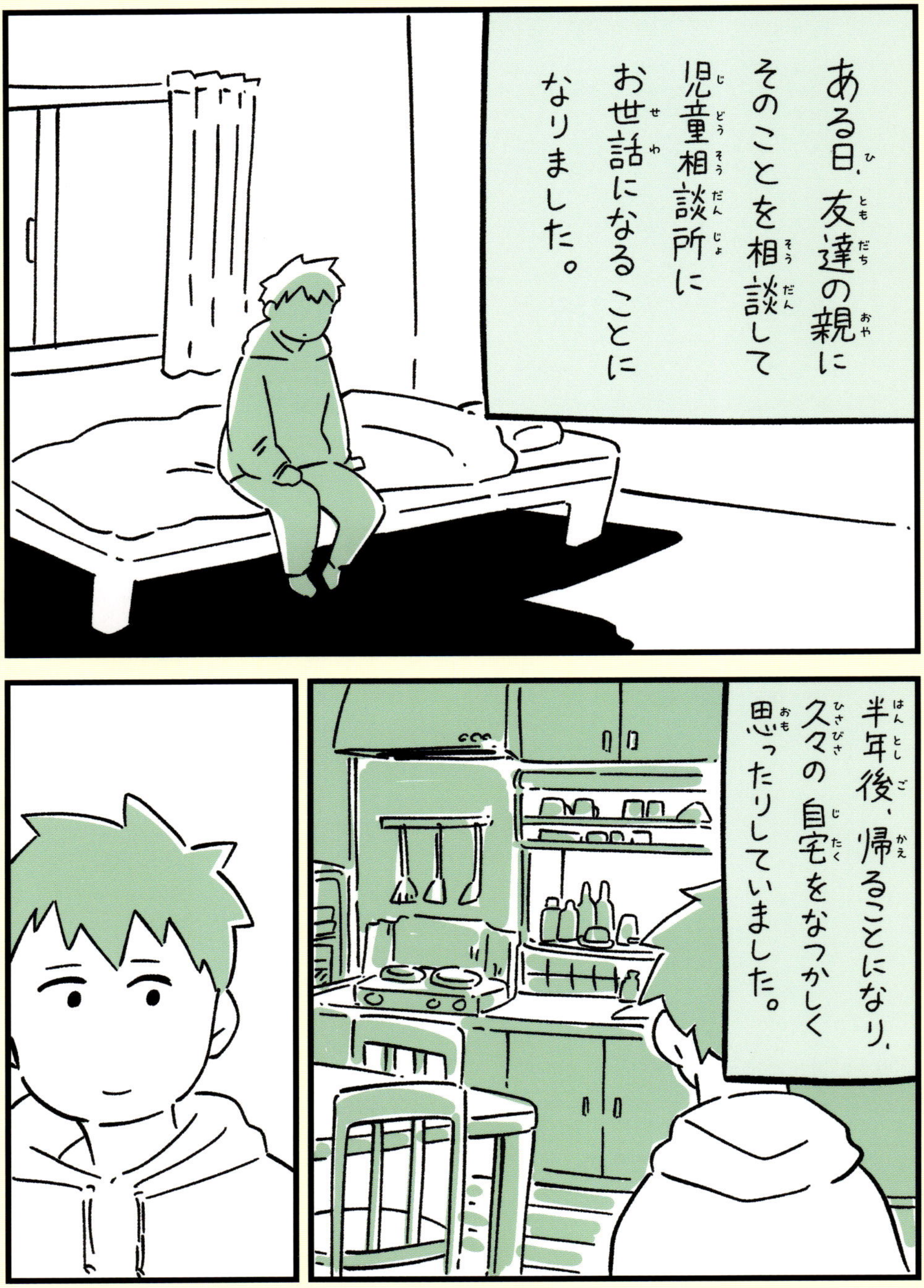
ある日《ひ》、友達《ともだち》の親《おや》に
そのことを相談《そうだん》して
児童相談所《じどうそうだんじょ》に
お世話《せわ》になることに
なりました。
半年後《はんとしご》、帰《かえ》ることになり、
久々《ひさびさ》の自宅《じたく》をなつかしく
思《おも》ったりしていました。

今度ころされる
ころされる

なにしてるの…

▶ この話《はなし》を読《よ》んで、心当《こころあ》たりがある、相談《そうだん》したいという方《かた》はこちら

児童相談所虐待対応《じどうそうだんじょぎゃくたいたいおう》ダイヤル

189（いちはやく）

Theme 5

虐待《ぎゃくたい》

もしも「虐待《ぎゃくたい》」を受《う》けたら？

児童虐待《じどうぎゃくたい》のうち多《おお》いのは心理的虐待《しんりてきぎゃくたい》

虐待《ぎゃくたい》とは、大人《おとな》が感情的《かんじょうてき》に子《こ》どもに暴力《ぼうりょく》を振《ふ》るったり傷《きず》つける言葉《ことば》を言《い》ったり、無視《むし》をしたり世話《せわ》をしなかったりすることです。

全国《ぜんこく》の児童相談所《じどうそうだんじょ》が児童虐待相談《じどうぎゃくたいそうだん》として対応《たいおう》する件数《けんすう》は増《ふ》え続《つづ》けており、2022年度《ねんど》の対応件数《たいおうけんすう》は約《やく》21万《まん》9千件《せんけん》で過去最多《かこさいた》でした（2023年《ねん》9月時点《がつじてん》の速報値《そくほうち》）。

児童相談所《じどうそうだんじょ》が受《う》けた相談《そうだん》の内容別件数《ないようべつけんすう》のうち、もっとも多《おお》かったのは心理的虐待《しんりてきぎゃくたい》（言葉《ことば》の暴力《ぼうりょく》、無視《むし》など）の約《やく》13万件《まんけん》（全体《ぜんたい》の約《やく》60％）で、以下《いか》、身体的虐待《しんたいてきぎゃくたい》の約《やく》5万《まん》2千件《せんけん》、ネグレクト（育児《いくじ》の放棄《ほうき》・怠慢《たいまん》）の約《やく》3万《まん》6千件《せんけん》、性的虐待《せいてきぎゃくたい》の約《やく》2千《せん》5百件《ひゃっけん》と続《つづ》きます。

児童相談所《じどうそうだんじょ》の虐待相談対応件数《ぎゃくたいそうだんたいおうけんすう》の推移《すいい》

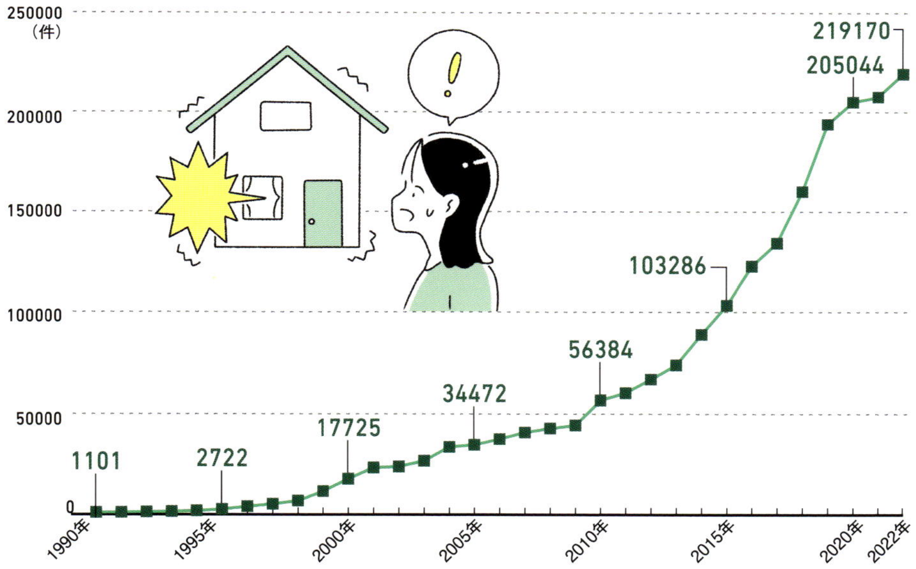

※2010年の件数は、東日本大震災影響により、福島県を除いて集計した数値。

出典：こども家庭庁「令和4年度 児童相談所における児童虐待相談対応件数（速報値）」

増《ふ》え続《つづ》ける児童虐待《じどうぎゃくたい》の相談件数《そうだんけんすう》

2000年《ねん》の「児童虐待防止法《じどうぎゃくたいぼうしほう》」の施行以降《しこういこう》、児童相談所《じどうそうだんじょ》が対応《たいおう》した相談件数《そうだんけんすう》は大幅《おおはば》に増加《ぞうか》しています。とくに増《ふ》えているのは、心理的虐待《しんりてきぎゃくたい》やネグレクトといった外部《がいぶ》からは発見《はっけん》が難《むずか》しい「目《め》に見《み》えない虐待《ぎゃくたい》」です。

児童虐待《じどうぎゃくたい》の約《やく》9割《わり》は実《じつ》の父母《ふぼ》による

虐待《ぎゃくたい》を受《う》けている人《ひと》の年齢《ねんれい》は、小学生《しょうがくせい》以下《いか》が約《やく》8割《わり》を占《し》めます。２０１９年度《ねんど》の対応件数別《たいおうけんすうべつ》では、小学生《しょうがくせい》が34・0％ともっとも多《おお》く、次《つ》いで3歳《さい》から学齢前児《がくれいまえじ》童《どう》が25・6％、0歳《さい》から3歳未満《さいみまん》が19・5％、中学生《ちゅうがくせい》が13・8％、高校生《こうこうせい》が7・0％でした。

同《おな》じ調査《ちょうさ》によると、虐待《ぎゃくたい》を行《おこな》う人《ひと》の割合《わりあい》は、実母《じつぼ》が47・7％ともっとも多《おお》く、次《つ》いで実父《じっぷ》が41・2％と、実《じつ》の父母《ふぼ》によるものが全体《ぜんたい》の約《やく》9割《わり》を占《し》めています。

一方《いっぽう》で、２０２２年《ねん》に犯罪《はんざい》として検挙《けんきょ》された人数《にんずう》は実父《じっぷ》が43・2％、実母《じつぼ》が26・6％と、深刻度《しんこくど》の高《たか》い虐待《ぎゃくたい》においては男性《だんせい》が加害者《かがいしゃ》になるケースが多《おお》いです。

虐待《ぎゃくたい》が原因《げんいん》で死亡《しぼう》に至《いた》る場合《ばあい》もあり、２０２１年度《ねんど》に発生《はっせい》または表面化《ひょうめんか》した死亡事例《しぼうじれい》は68例《れい》（74人《にん》）、死亡《しぼう》に至《いた》らなかったものの、その危険性《きけんせい》のあった重症事例《じゅうしょうじれい》も15例《れい》（15人《にん》）ありました。

児童虐待《じどうぎゃくたい》の4類型《るいけい》

児童虐待《じどうぎゃくたい》は、大《おお》まかには以下《いか》の4つに分類《ぶんるい》されます。

性的虐待《せいてきぎゃくたい》

こどもへの性的行為《せいてきこうい》、性的行為《せいてきこうい》を見《み》せる、性器《せいき》を触《さわ》る又《また》は触《さわ》らせる、ポルノグラフィの被写体《ひしゃたい》にする　など

ネグレクト

家《いえ》に閉《と》じ込《こ》める、食事《しょくじ》を与《あた》えない、ひどく不潔《ふけつ》にする、自動車《じどうしゃ》の中《なか》に放置《ほうち》する、重《おも》い病気《びょうき》になっても病院《びょういん》に連《つ》れて行《い》かない　など

身体的虐待《しんたいてきぎゃくたい》

殴《なぐ》る、蹴《け》る、叩《たた》く、投《な》げ落《お》とす、激《はげ》しく揺《ゆ》さぶる、やけどを負《お》わせる、溺《おぼ》れさせる、首《くび》を絞《し》める、縄《なわ》などにより一室《いっしつ》に拘束《こうそく》する　など

心理的虐待《しんりてきぎゃくたい》

言葉《ことば》による脅《おど》し、無視《むし》、きょうだい間《かん》での差別的扱《さべつてきあつか》い、こどもの目《め》の前《まえ》で家族《かぞく》に対《たい》して暴力《ぼうりょく》をふるう（ドメスティックバイオレンス＝DV《ディーブイ》）など

出典：こども家庭庁「児童虐待防止対策 2. 児童虐待の定義」

虐待《ぎゃくたい》の内容別相談件数《ないようべつそうだんけんすう》（2022年度《ねんど》）

「心理的虐待《しんりてきぎゃくたい》」には、宗教的《しゅうきょうてき》な活動《かつどう》や規律《きりつ》などを強要《きょうよう》することも含《ふく》まれます

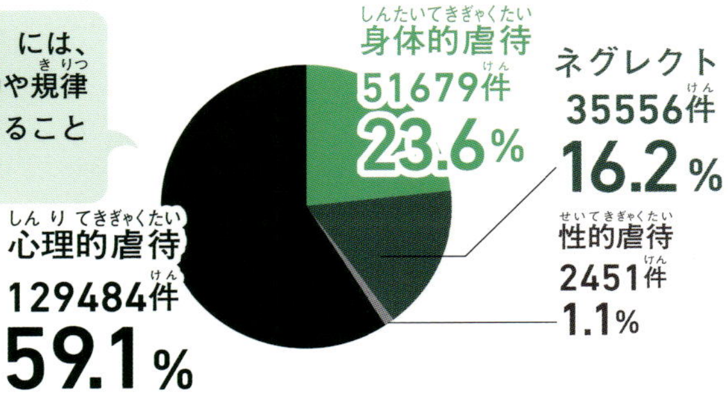

出典：こども家庭庁「令和４年度 児童相談所における児童虐待相談対応件数（速報値）」

貧困《ひんこん》が児童虐待《じどうぎゃくたい》の要因《よういん》となる場合《ばあい》も

虐待《ぎゃくたい》が起《お》こる理由《りゆう》は家庭《かてい》によってさまざまですが、大《おお》きな要因《よういん》の1つと考《かんが》えられているのが貧困問題《ひんこんもんだい》です。

国《くに》の調査《ちょうさ》によると、現在《げんざい》、日本における子《こ》ども（17歳以下《さいいか》）の貧困率《ひんこんりつ》は11・5％です。つまり、**9人《にん》に1人《ひとり》の子《こ》どもが貧困状態《ひんこんじょうたい》にある**のです。

実際《じっさい》に、虐待《ぎゃくたい》と貧困《ひんこん》が密接《みっせつ》に関係《かんけい》していることを示《しめ》すデータもあります。2009年《ねん》に行《おこな》われた調査《ちょうさ》によると、虐待《ぎゃくたい》につながると思《おも》われる家庭《かてい》・家族《かぞく》の状況《じょうきょう》として、もっとも多《おお》かったのは「経済的《けいざいてき》な困難《こんなん》」の33・6％でした。次《つ》いで「虐待者《ぎゃくたいしゃ》の心身《しんしん》の状態《じょうたい》」の31・1％などが続《つづ》きます。

貧困家庭《ひんこんかてい》の親《おや》が低賃金《ていちんぎん》のパートやアルバイトで生計《せいけい》を立《た》てながら子《こ》どもを育《そだ》てるうち、生活面《せいかつめん》や金銭面《きんせんめん》だけでなく精神面《せいしんめん》でも追《お》い詰《つ》められていき、児童虐待《じどうぎゃくたい》にいたるケースも少《すく》なくないのです。

出典：全国児童相談所所長会「全国児童相談所における家庭支援への取り組み状況調査」（2009）

児童虐待《じどうぎゃくたい》の加害者《かがいしゃ》の割合《わりあい》（2019年度《ねんど》）

育児《いくじ》に追《お》い詰《つ》められる母親《ははおや》たち

2022年《ねん》の児童虐待《じどうぎゃくたい》に関係《かんけい》した事件《じけん》の「検挙人数《けんきょにんずう》」は男性《だんせい》（父親等《ちちおやとう》）のほうが多《おお》い一方《いっぽう》、「殺人《さつじん》」および「保護責任者遺棄《ほごせきにんしゃいき》」は女性《じょせい》（母親等《ははおやとう》）のほうが多《おお》いです。これは、育児《いくじ》によって精神的《せいしんてき》に追《お》い詰《つ》められた母親《ははおや》が、その悩《なや》みやつらさから逃《のが》れるための最終手段《さいしゅうしゅだん》として「殺人《さつじん》」や「遺棄《いき》」にいたるケースが多《おお》いからと考《かんが》えられます。

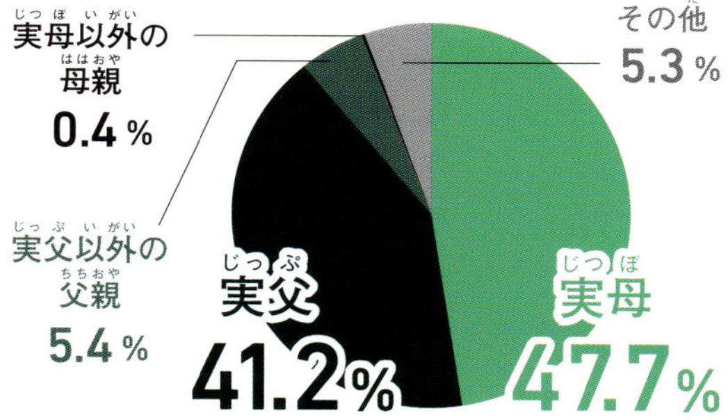

出典：厚生労働省「令和元年度福祉行政報告例の概況」

児童相談所《じどうそうだんじょ》の虐待相談対応件数《ぎゃくたいそうだんたいおうけんすう》（2019年《ねん》）のうち、「主《おも》な加害者《かがいしゃ》」としてもっとも多《おお》かったのは実母《じつぼ》でした。

虐待《ぎゃくたい》の内容別相談件数《ないようべつそうだんけんすう》（2022年度《ねんど》）

加害者《かがいしゃ》	総数《そうすう》	殺人《さつじん》	傷害《しょうがい》	傷害致死《しょうがいちし》	暴行《ぼうこう》	逮捕《たいほ》監禁《かんきん》	強制《きょうせい》性交等《せいこうとう》	強制《きょうせい》わいせつ	児童買春《じどうばいしゅん》・児童《じどう》ポルノ禁止法《きんしほう》	保護《ほご》責任者《せきにんしゃ》遺棄《いき》	未成年者《みせいねんしゃ》拐取《かいしゅ》	その他《た》	検挙人数《けんきょにんずう》（総数《そうすう》）の比率《ひりつ》
総数《そうすう》	2,222	47	766	7	884	19	142	187	32	39	15	91	
実父《じっぷ》	960	8	345	–	435	4	53	58	12	6	9	30	43.2%
養父《ようふ》・継父《ままちち》	405	–	137	–	107	–	56	79	9	4	–	13	18.2%
母親《ははおや》の内縁《ないえん》の夫《おっと》	129	–	46	2	37	3	16	16	1	2	1	7	5.8%
その他《た》（男性《だんせい》）	98	1	25	1	22	2	14	25	4	1	1	3	4.4%
実母《じつぼ》	590	38	199	3	263	8	2	8	6	25	4	37	26.6%
養母《ようぼ》・継母《ままはは》	12	–	7	–	4	–	1	–	–	–	–	–	0.5%
父親《ちちおや》の内縁《ないえん》の妻《つま》	2	–	1	–	1	–	–	–	–	–	–	–	0.09%
その他《た》（女性《じょせい》）	26	–	6	1	15	2	-	1	-	1	-	1	1.2%

出典：法務省「令和5年版 犯罪白書」

虐待《ぎゃくたい》を受《う》けたときにはすぐに相談《そうだん》か電話《でんわ》を

しつけと虐待《ぎゃくたい》は違《ちが》います。しつけとは、大人《おとな》が感情的《かんじょうてき》にならずに、子《こ》どものためを思《おも》って一貫《いっかん》したことを言《い》うことです。一方《いっぽう》、虐待《ぎゃくたい》は大人《おとな》が感情的《かんじょうてき》になって、ある日《ひ》はよくて、ある日《ひ》はダメなどと自分《じぶん》の都合次第《つごうしだい》で言《い》うことを変《か》え、一方的《いっぽうてき》に押《お》しつけることです。虐待《ぎゃくたい》を受《う》けたら、「自《じ》分《ぶん》が悪《わる》いからだ」などと自分《じぶん》を責《せ》めず、周《まわ》りの人《ひと》に助《たす》けを求《もと》めましょう。

学校《がっこう》の先生《せんせい》など周囲《しゅうい》の人《ひと》に相談《そうだん》しづらい場合《ばあい》には、全国共通《ぜんこくきょうつう》の児童相談所虐待《じどうそうだんじょぎゃくたい》対応《たいおう》ダイアル「189」番《ばん》に連絡《れんらく》すれば、近《ちか》くの児童相談所《じどうそうだんじょ》につながります。「189」への通告《つうこく》や相談《そうだん》は匿名《とくめい》（名前《なまえ》を言《い》わなくてもいいこと）で行《おこな》うこともでき、通《つう》告《こく》・相談《そうだん》をした人《ひと》やその内容《ないよう》に関《かん》する秘《ひ》密《みつ》も守《まも》られます。

つらいと感《かん》じたとき、一人《ひとり》でがまんする必要《ひつよう》はありません。周《まわ》りの誰《だれ》かに相談《そうだん》してみることが、解決《かいけつ》への第一歩《だいいっぽ》です。

こんなことをされたら「虐待《ぎゃくたい》」かも？

もし自分《じぶん》や友《とも》だちが両親《りょうしん》などの大人《おとな》からこんなことをされていたら、それは児童虐待《じどうぎゃくたい》かもしれません。学校《がっこう》の先生《せんせい》に相談《そうだん》するか、「189」番《ばん》に電話《でんわ》しましょう。

児童相談所《じどうそうだんじょ》とは？

児童相談所《じどうそうだんじょ》は、児童福祉《じどうふくし》法《ほう》という法律《ほうりつ》に基《もと》づいて設《せっ》置《ち》されている行政機関《ぎょうせいきかん》です。18歳未満《さいみまん》の子《こ》どもに関《かん》する相談《そうだん》や通告《つうこく》などを、どんな人《ひと》からも受《う》けつけています。

虐待《ぎゃくたい》に限《かぎ》らず、自分《じぶん》に助《たす》けが必要《ひつよう》と感《かん》じたときや、助《たす》けが必要《ひつよう》だと思《おも》う友《とも》だちがいたら、まずは「189」に電話《でんわ》して相談《そうだん》しましょう。

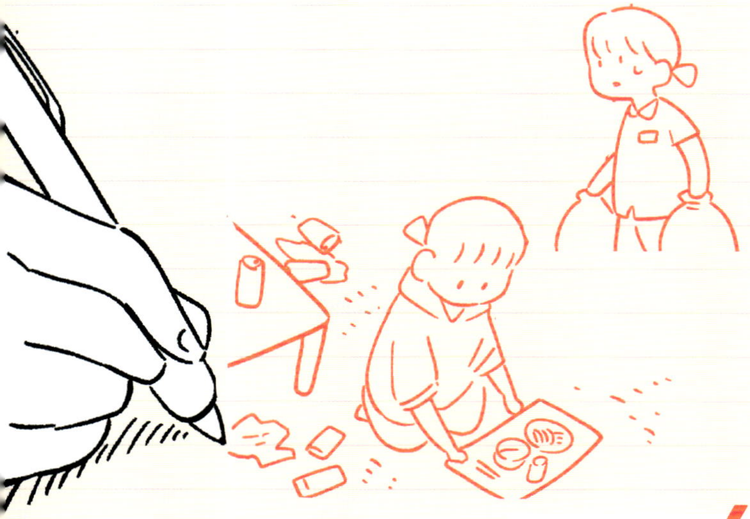

Theme 6

ヤングケアラー

小学《しょうがく》2年生《ねんせい》の頃《ころ》
父《ちち》が借金《しゃっきん》で心《こころ》を病《や》み
それ以来《いらい》母《はは》が家族《かぞく》6人《にん》の
生活《せいかつ》を支《ささ》えるため、朝《あさ》から
晩《ばん》まで働《はたら》くようになりました
母《はは》の姿《すがた》を見《み》て
家《いえ》は私《わたし》が守《まも》らないと
いけないと幼心《おさなごころ》に
思《おも》いました

父《ちち》は酒《さけ》を飲《の》み
暴力《ぼうりょく》をふるい
失踪《しっそう》することも
ありました
兄《あに》は中学《ちゅうがく》にあがって
すぐ引《ひ》きこもりに
なりました
父《ちち》と兄《あに》は
私《わたし》を守《まも》ってくれる
存在《そんざい》ではなく
私《わたし》が世話《せわ》を
しないといけない
人《ひと》たちで
私《わたし》が高校《こうこう》に
あがっても
2人《ふたり》の世話《せわ》は
続《つづ》きました

クラスの子《こ》たちは
好《す》きなものを買《か》える
お小遣《こづか》いがあって
塾《じゅく》にも行《い》かせて
もらえて
テレビを見《み》る時間《じかん》が
あって親《おや》と大学《だいがく》の
話《はなし》ができる
対《たい》して私《わたし》は
コンビニ
家族《かぞく》の世話《せわ》や
家計《かけい》を助《たす》けるための
バイトで毎日《まいにち》が
過《す》ぎていく
高校生《こうこうせい》になって
周《まわ》りとの比較《ひかく》により
知《し》らなかった現実《げんじつ》が
突《つ》き付《つ》けられました
私《わたし》は何《なに》も
持《も》たざる
者《もの》なのだ

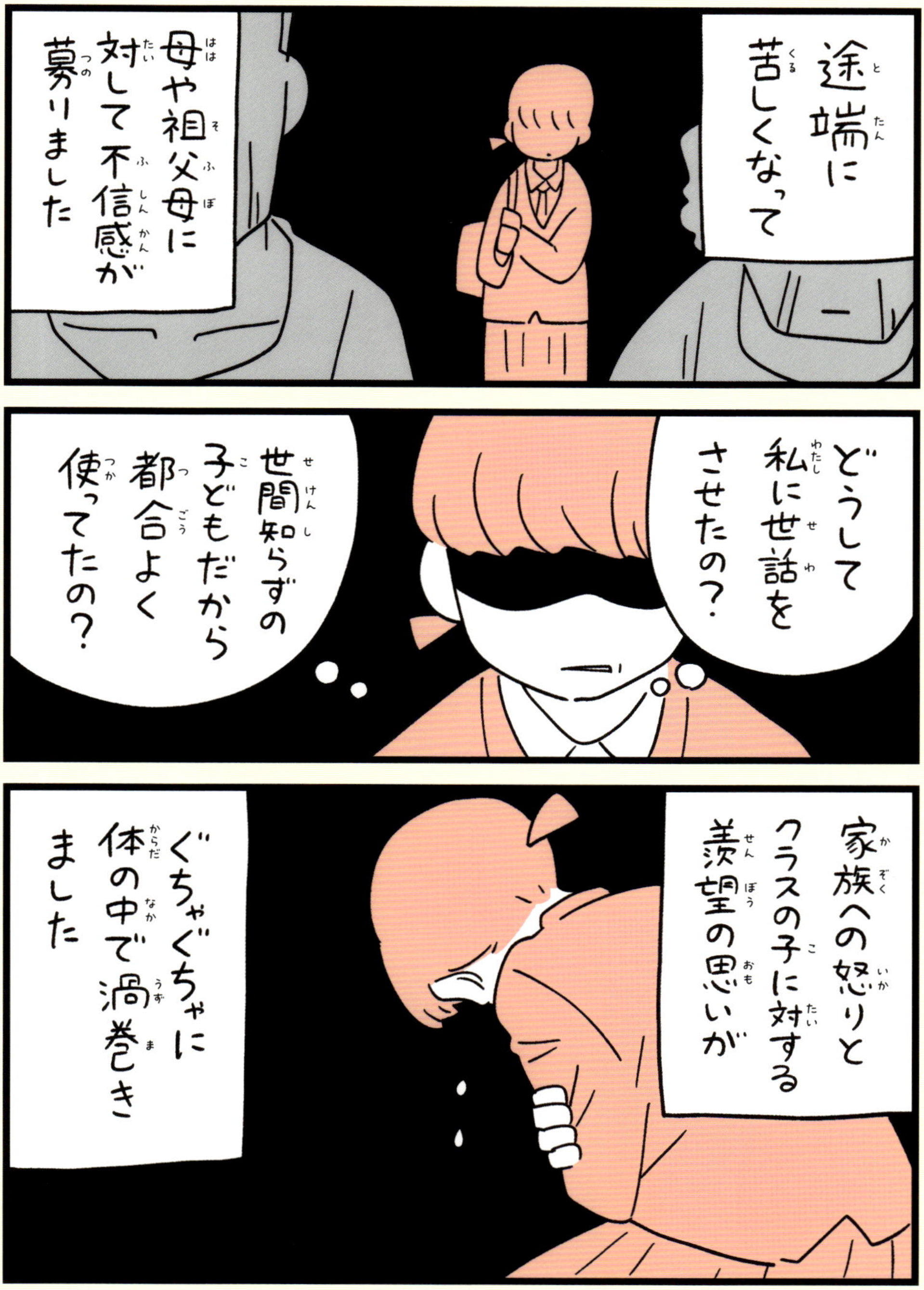
途端《とたん》に苦《くる》しくなって
母《はは》や祖父母《そふぼ》に対《たい》して不信感《ふしんかん》が募《つの》りました
どうして私《わたし》に世話《せわ》をさせたの?
世間知《せけんし》らずの子《こ》どもだから都合《つごう》よく使《つか》ってたの?
家族《かぞく》への怒《いか》りとクラスの子《こ》に対《たい》する羨望《せんぼう》の思《おも》いが
ぐちゃぐちゃに体《からだ》の中《なか》で渦巻《うずま》きました

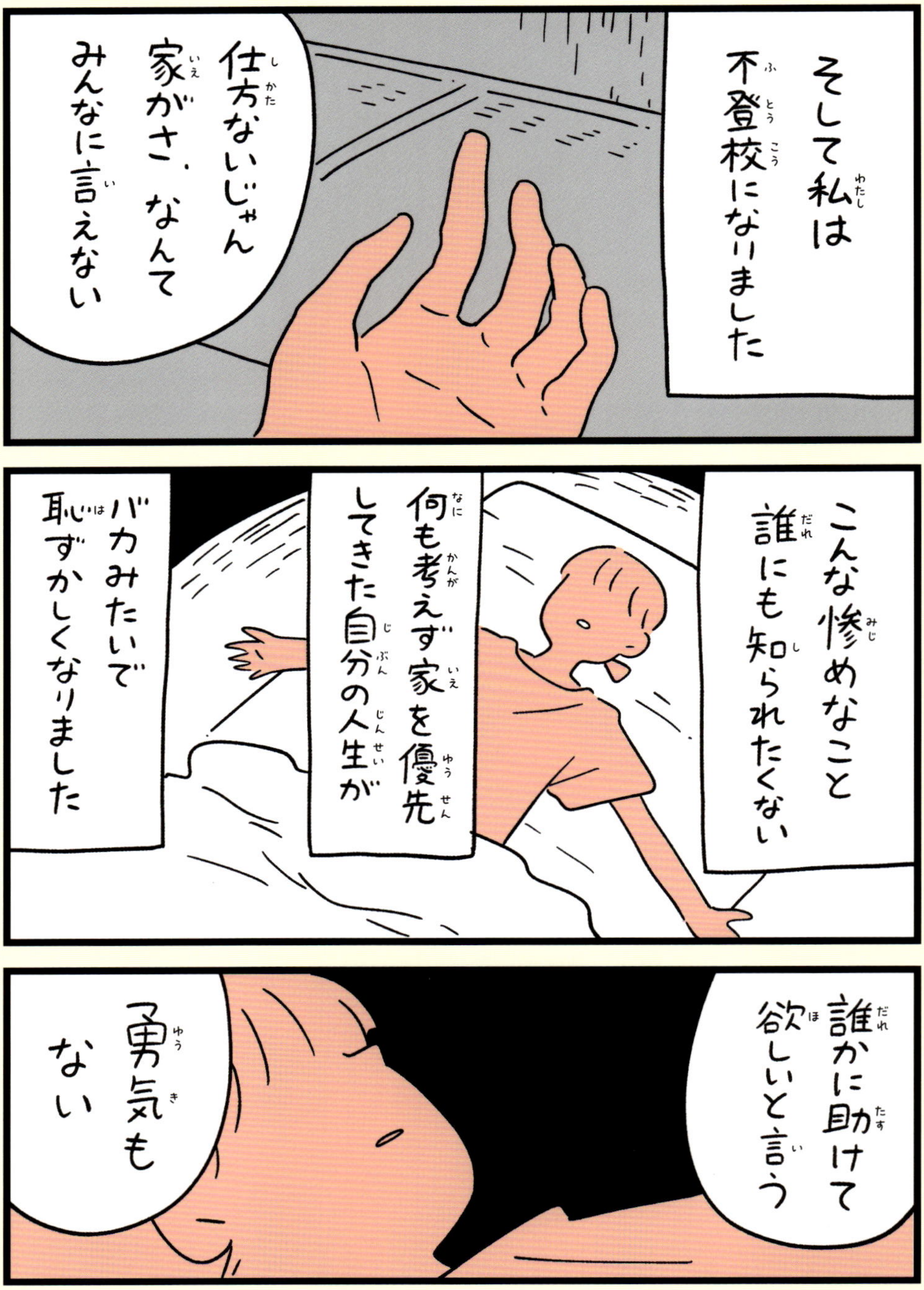
そして私《わたし》は不登校《ふとうこう》になりました
仕方《しかた》ないじゃん 家《いえ》がさ、なんて みんなに言《い》えない
こんな惨《みじ》めなこと 誰《だれ》にも知《し》られたくない
何《なに》も考《かんが》えず家《いえ》を優先《ゆうせん》 してきた自分《じぶん》の人生《じんせい》が
バカみたいで 恥《は》ずかしくなりました
誰《だれ》かに助《たす》けて 欲《ほ》しいと言《い》う
勇気《ゆう き》も ない

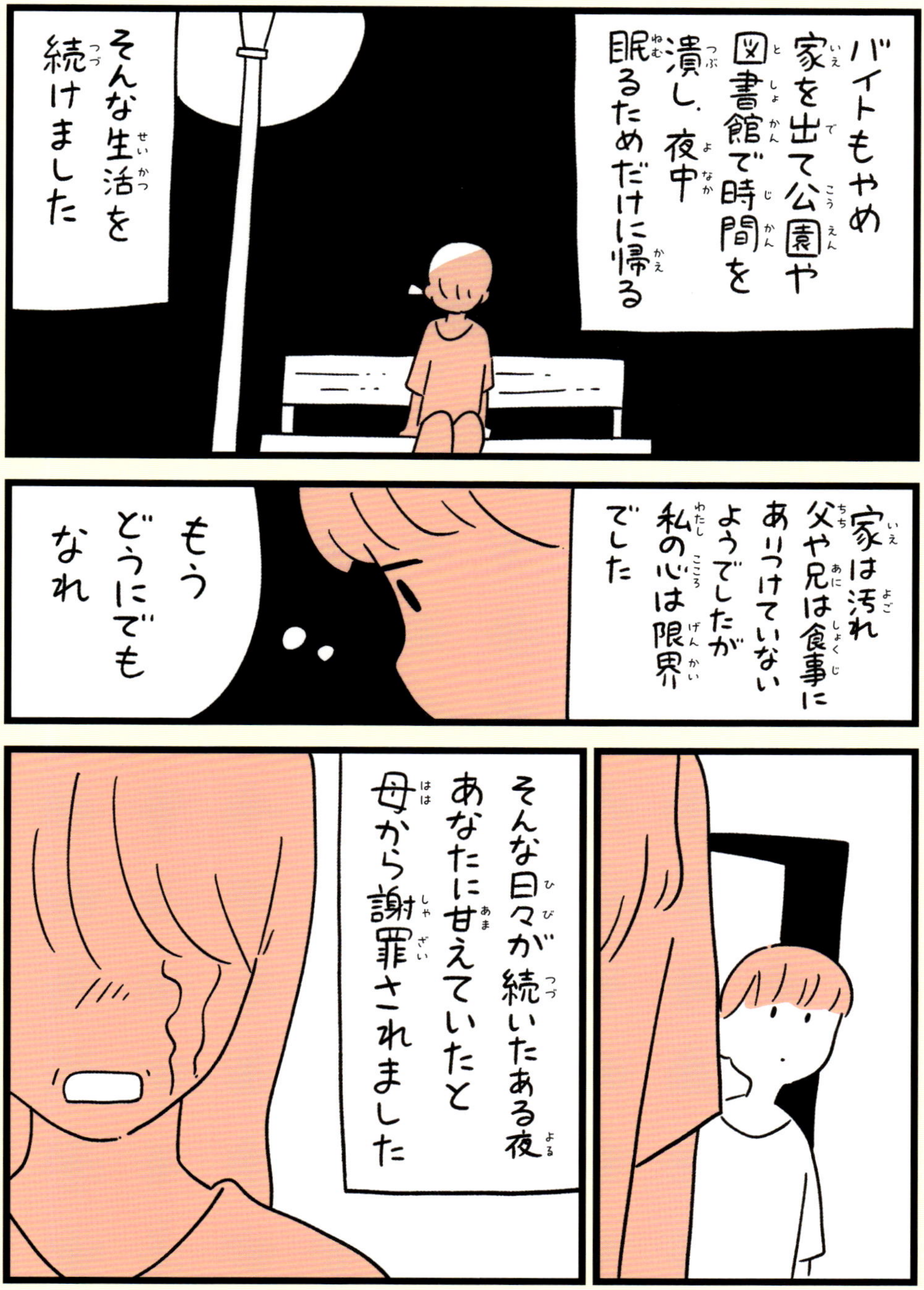
バイトもやめ
家《いえ》を出《で》て公園《こうえん》や
図書館《としょかん》で時間《じかん》を
潰《つぶ》し、夜中《よなか》
眠《ねむ》るためだけに帰《かえ》る
そんな生活《せいかつ》を
続《つづ》けました
家《いえ》は汚《よご》れ
父《ちち》や兄《あに》は食事《しょくじ》に
ありつけていない
ようでしたが
私《わたし》の心《こころ》は限界《げんかい》
でした
もう
どうにでも
なれ
そんな日々《ひび》が続《つづ》いたある夜《よる》
あなたに甘《あま》えていたと
母《はは》から謝罪《しゃざい》されました

母《はは》は介護《かいご》サービスを
使用《しよう》することを決《き》め
10年《ねん》にわたる私《わたし》の介護生活《かいごせいかつ》は
終《お》わりました
しかし自由《じゆう》な時間《じかん》が
できても、10年間《ねんかん》
家族《かぞく》につくしてきた私《わたし》は
生《い》きる意味《いみ》を見出《みいだ》せなく
なっていました
帰《かえ》りたい
どこかわからないけど
安心《あんしん》できるところに帰《かえ》りたい

不登校《ふとうこう》になって半年《はんとし》
色々《いろいろ》とあきらめがつき
退学届《たいがくとどけ》を持《も》って
学校《がっこう》にいきました
退学《たいがく》してもいいよ
でも
自分《じぶん》の人生《じんせい》を
あきらめるのに
他人《たにん》の人生《じんせい》を
理由《りゆう》にしちゃ
いけないよ
親《おや》はあくまで
他人《たにん》なんだから
私《わたし》は
あなたの将来《しょうらい》が
楽《たの》しみなのよ
先生《せんせい》は時間《じかん》が
ないなかでも
勉強《べんきょう》を頑張《がんば》っていた
私《わたし》を見《み》てくれて
いたのです

▶ この話《はなし》を読《よ》んで、心当《こころあ》たりがある、相談《そうだん》したいという方《かた》はこちら

あなたのいばしょ

https://talkme.jp/

Theme

6 ヤングケアラー

家族《かぞく》のケアは子《こ》どもがすべき？

ヤングケアラーが家族《かぞく》にしていること

本来《ほんらい》は大人《おとな》が担《にな》うと想定《そうてい》されている家《か》事《じ》や家族《かぞく》の世話《せわ》などを、日常的《にちじょうてき》に行《おこな》っている18歳未満《さいみまん》の子《こ》どものことを「ヤングケアラー」といいます。

ヤングケアラーが行《おこな》っている家事《かじ》や家《か》族《ぞく》の世話《せわ》の内容《ないよう》は家庭《かてい》によってさまざまですが、一般的《いっぱんてき》には食事《しょくじ》の準備《じゅんび》や買《か》い物《もの》、掃除《そうじ》、洗濯《せんたく》などの家事《かじ》、幼《おさな》い弟《おとうと》や妹《いもうと》の世《せ》話《わ》、病気《びょうき》や障害《しょうがい》がある家族《かぞく》の介護《かいご》などが多《おお》いです。

とくに介護《かいご》は、福祉《ふくし》の助《たす》けを借《か》りたとしても、24時間《じかん》ずっと対応《たいおう》してもらえるわけではなかったりもします。夜中《よなか》のケアや介助《かいじょ》が必要《ひつよう》な場合《ばあい》も多《おお》く、そのため睡眠不足《すいみんぶそく》になる人《ひと》や生活《せいかつ》リズムを崩《くず》してしまう人《ひと》もいます。

「ヤングケアラー」がしていること

以下《いか》のようなことで時間《じかん》を取《と》られて、自分《じぶん》が遊《あそ》ぶ時間《じかん》や勉強《べんきょう》する時間《じかん》が取《と》れないという場合《ばあい》、あなたもヤングケアラーかもしれません。

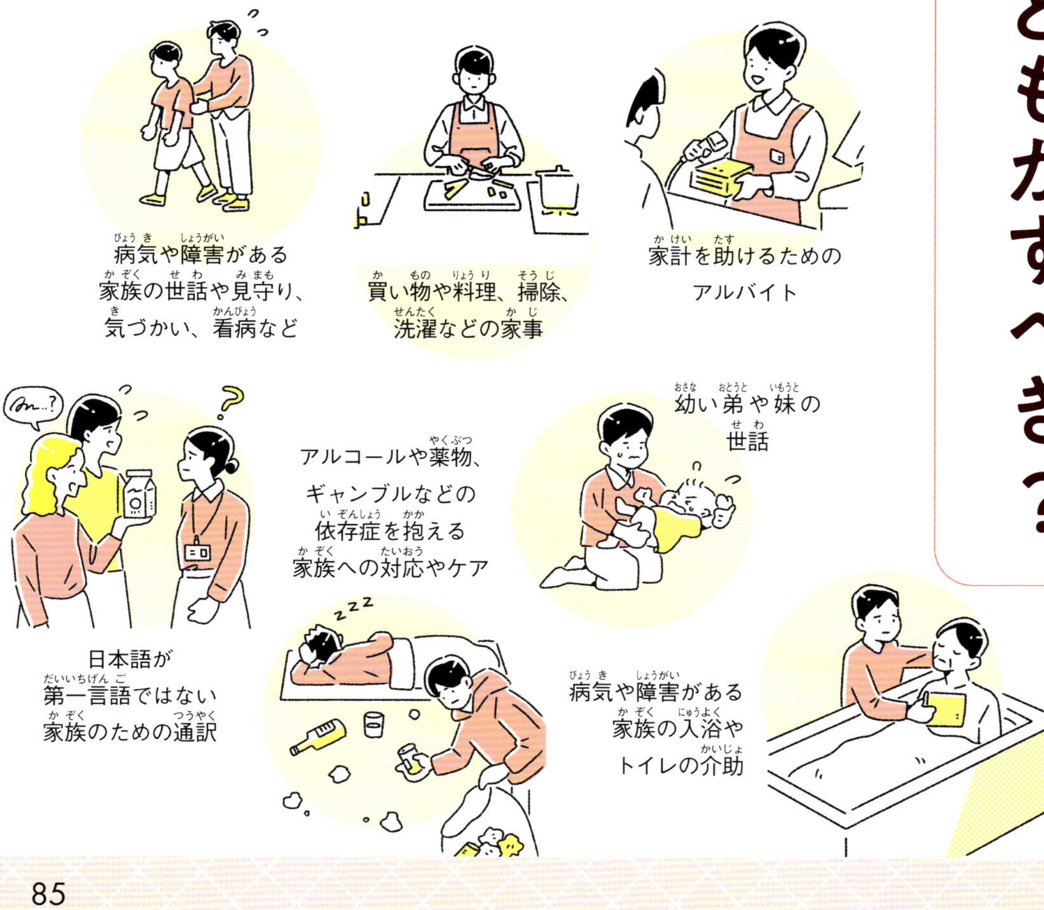

孤独《こどく》やストレスを抱《かか》え込《こ》むヤングケアラーたち

子《こ》どもが家事《かじ》の手伝《てつだ》いをするのは、ふつうのことです。しかし、「家族《かぞく》のために自分《じぶん》がなんとかしないと」と、**子《こ》どもが責任《せきにん》を感《かん》じてがんばりすぎてしまうのは健全《けんぜん》な環境《かんきょう》ではありません。**心《こころ》や身体《からだ》への大《おお》きな負担《ふたん》となり、誰《だれ》にも相談《そうだん》できないまま孤独《こどく》やストレスを抱《かか》え込《こ》んでしまう場合《ばあい》があります。

2020年《ねん》と2021年《ねん》に行《おこな》われたヤングケアラーの全国調査《ぜんこくちょうさ》によると、「世話《せわ》をしている家族《かぞく》がいる」と答《こた》えた小学《しょうがく》6年生《ねんせい》は6・5%、中学《ちゅうがく》2年生《ねんせい》は5・7%でした。同《おな》じ調査《ちょうさ》で「世話《せわ》をしている家《か》族《ぞく》がいる」と答《こた》えた人《ひと》に頻度《ひんど》を尋《たず》ねたところ、各年代《かくねんだい》とも「ほぼ毎日《まいにち》」という回《かい》答《とう》がもっとも多《おお》く、小学《しょうがく》6年生《ねんせい》では半分《はんぶん》以上《いじょう》でした。また、平日《へいじつ》1日《にち》あたりに世《せ》話《わ》に費《つい》やす時間《じかん》が「7時間以上《じかんいじょう》」という人《ひと》は、年代《ねんだい》によってばらつきはあるものの、およそ10人《にん》に1人《ひとり》の割合《わりあい》でした。

家族《かぞく》の世話《せわ》をしている子《こ》どもの割合《わりあい》

全日制高校《ぜんにちせいこうこう》2年生《ねんせい》

4.1%

中学《ちゅうがく》2年生《ねんせい》

5.7%

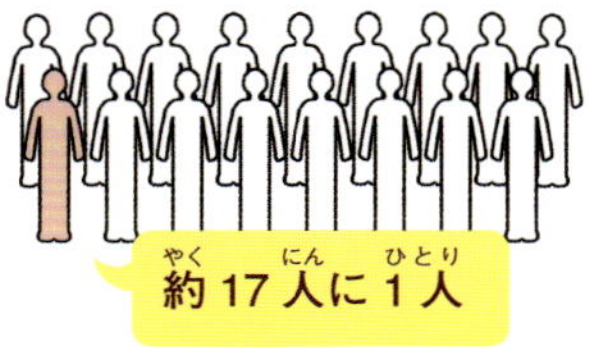

小学《しょうがく》6年生《ねんせい》

6.5%

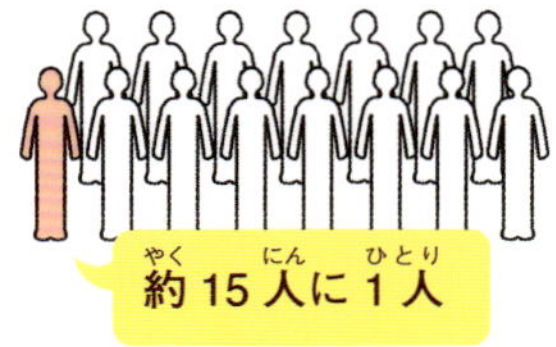

家族《かぞく》の世話《せわ》をしている頻度《ひんど》

世話《せわ》をしている家族《かぞく》が「いる」と答《こた》えた人《ひと》に、その頻度《ひんど》について質問《しつもん》したところ、いずれの年代《ねんだい》でも「ほぼ毎日《まいにち》」がもっとも高《たか》いという結果《けっか》でした。

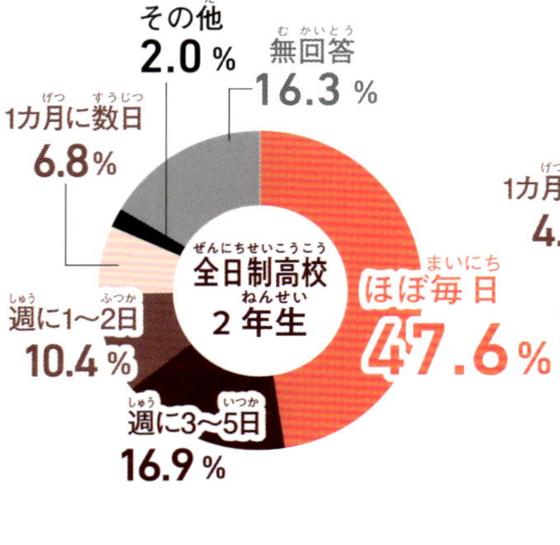

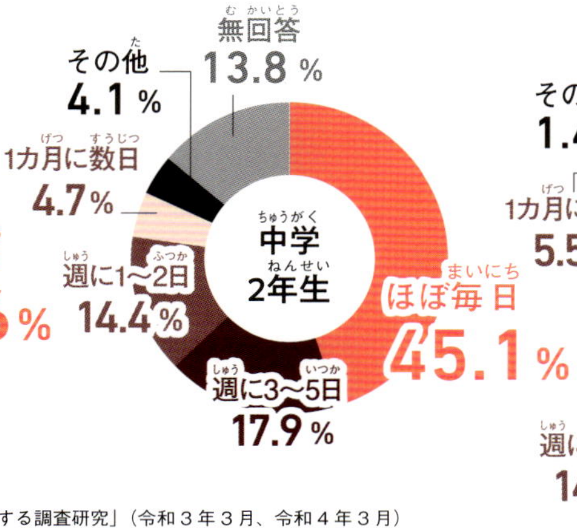

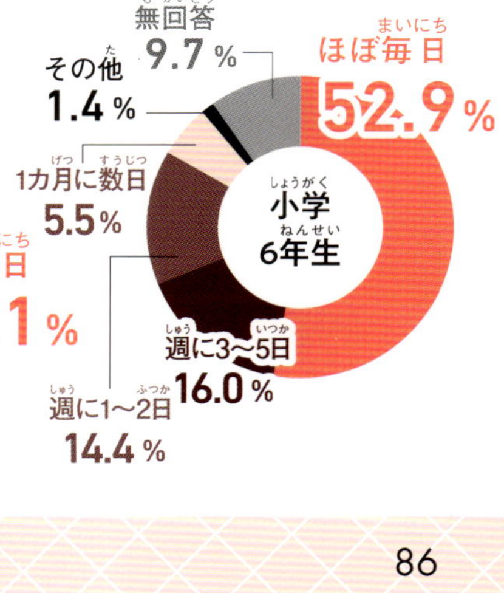

出典：厚生労働省「ヤングケアラーの実態に関する調査研究」（令和３年３月、令和４年３月）

ヤングケアラーだという自覚《じかく》がない人《ひと》もいる

ヤングケアラーは自分《じぶん》の時間《じかん》を持《も》つことが難《むずか》しいことから、宿題《しゅくだい》や勉強《べんきょう》をする時間《じかん》が取《と》れない人《ひと》もいます。また、部活《ぶかつ》に打《う》ち込《こ》んだり、友《とも》だちと遊《あそ》んだりする時間《じかん》がないという人《ひと》も多《おお》いです。

親《おや》の病気《びょうき》や障害《しょうがい》のケアをしているケースでは、親《おや》が働《はたら》けず世帯収入《せたいしゅうにゅう》が少《すく》ないため、高校《こうこう》や大学《だいがく》への進学《しんがく》をあきらめる人《ひと》もいるほか、家計《かけい》を支《ささ》えるために高校《こうこう》を中退《ちゅうたい》して働《はたら》きに出《で》る人《ひと》もいます。

こうして学校《がっこう》や勉強《べんきょう》よりも家族《かぞく》のことを優先《ゆうせん》していると、子《こ》どもの進路《しんろ》は狭《せば》まってしまい、将来《しょうらい》の夢《ゆめ》や希望《きぼう》をかなえるチャンスも失《うしな》われてしまいます。

しかし、子《こ》どもは自分《じぶん》の家庭《かてい》しか知《し》らずに育《そだ》つことが多《おお》いため、自分《じぶん》が置《お》かれた状況《じょうきょう》を客観的《きゃっかんてき》に見《み》ることができません。そのため幼少期《ようしょうき》から家族《かぞく》のケアをしている人《ひと》の中《なか》には、**自分《じぶん》がヤングケアラーだという自覚《じかく》がない人《ひと》もいます**。

ケアによってできていないこと

世話《せわ》をしている家族《かぞく》がいる中学《ちゅうがく》２年生《ねんせい》に、世話《せわ》をしているためにやりたいけれどできていないことを聞《き》いたところ、約《やく》６割《わり》が「とくにない」と答《こた》えましたが、その他《ほか》では以下《いか》の回答《かいとう》がありました。

進路《しんろ》の変更《へんこう》を考《かんが》えざるを得《え》ない
4.1%

友人《ゆうじん》と遊《あそ》ぶことができない
8.5%

自分《じぶん》の時間《じかん》が取《と》れない
20.1%

学校《がっこう》に行《い》けない
1.6%

睡眠《すいみん》が十分《じゅうぶん》に取《と》れない
8.5%

宿題《しゅくだい》や勉強《べんきょう》をする時間《じかん》が取《と》れない
16.0%

学校《がっこう》や大人《おとな》に助《たす》けてほしいこと（複数回答《ふくすうかいとう》）

世話《せわ》をしている家族《かぞく》がいる中学《ちゅうがく》２年生《ねんせい》に、必要《ひつよう》な支援《しえん》について聞《き》いたところ、約《やく》４割《わり》が「とくにない」と答《こた》えましたが、その他《ほか》では以下《いか》の回答《かいとう》がありました。

・学校《がっこう》の勉強《べんきょう》や受験勉強《じゅけんべんきょう》など学習《がくしゅう》のサポート	21.3%
・自由《じゆう》に使《つか》える時間《じかん》がほしい	19.4%
・進路《しんろ》や就職《しゅうしょく》など将来《しょうらい》の相談《そうだん》に乗《の》ってほしい	16.3%
・自分《じぶん》の今《いま》の状況《じょうきょう》について話《はなし》を聞《き》いてほしい	12.9%
・家庭《かてい》への経済的《けいざいてき》な支援《しえん》	9.4%

出典：厚生労働省「ヤングケアラーの実態に関する調査研究」（令和３年３月、令和４年３月）

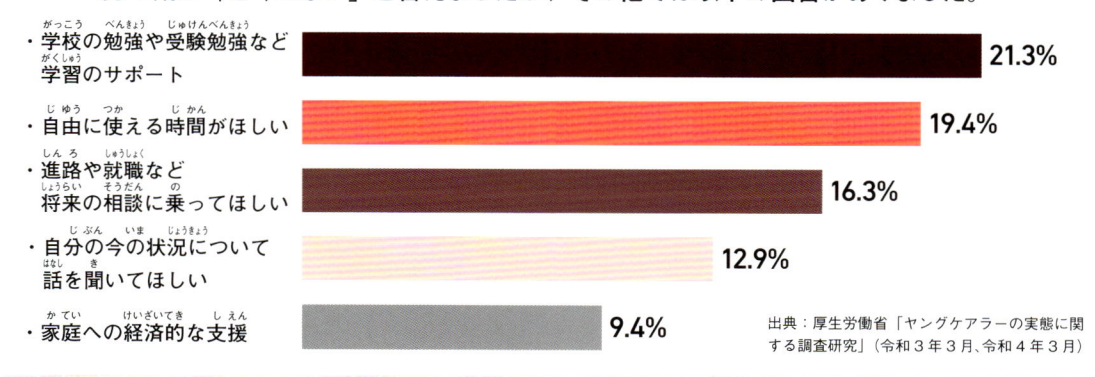

悩《なや》みや困《こま》ったことがあったら まずは周《まわ》りの人《ひと》に相談《そうだん》しよう

ヤングケアラーは家庭内《かていない》のことのため、周囲《しゅうい》の人《ひと》から気《き》づかれにくいといわれています。

一方《いっぽう》で、現在《げんざい》はヤングケアラーへの理解《りかい》が広《ひろ》がりつつあり、国《くに》や地方自治体《ちほうじちたい》、民間《みんかん》などで**ヤングケアラーの声《こえ》を聞《き》き、支援《しえん》する取《と》り組《く》みが増《ふ》えています**。

もしも自分《じぶん》が「ヤングケアラーかも」と思《おも》ったら、まずは学校《がっこう》の先生《せんせい》や親戚《しんせき》など、周《まわ》りの大人《おとな》に相談《そうだん》しましょう。困《こま》っているときに、周《まわ》りの人《ひと》に頼《たよ》ることは決《けっ》して恥《は》ずかしいことではありません。子《こ》どもが自分《じぶん》で抱《かか》え込《こ》む必要《ひつよう》はないし、つらかったら逃《に》げてもいいのです。

周囲《しゅうい》の人《ひと》に直接相談《ちょくせつそうだん》しづらい場合《ばあい》は電話《でんわ》やSNS《エスエヌエス》の相談窓口《そうだんまどぐち》もあります。また、ヤングケアラーが集《つど》うオンラインコミュニティーで同《おな》じ悩《なや》みを持《も》つ仲間《なかま》と話《はな》すことで気持《きも》ちが楽《らく》になる場合《ばあい》もあるので、積極的《せっきょくてき》に参加《さんか》してみましょう。

ケアについて相談《そうだん》した経験《けいけん》

世話《せわ》をしている家族《かぞく》がいる中学《ちゅうがく》２年生《ねんせい》に、ケアについて誰《だれ》かに相談《そうだん》した経験《けいけん》があるかを聞《き》いたところ、「ない」と答《こた》えた人《ひと》が半分以上《はんぶんいじょう》でした。

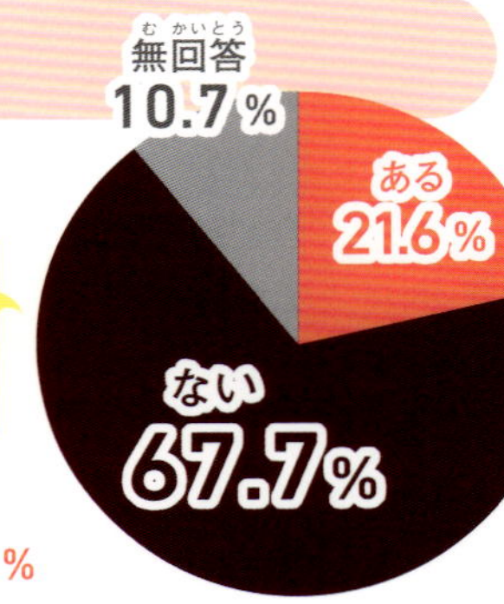

ケアについて相談《そうだん》した経験《けいけん》（中学《ちゅうがく》２年生《ねんせい》）

相談《そうだん》した経験《けいけん》が「ない」理由《りゆう》（複数回答《ふくすうかいとう》）

- 誰《だれ》かに相談《そうだん》するほどの悩《なや》みではない 74.5％
- 家族外《かぞくがい》の人《ひと》に相談《そうだん》するような悩《なや》みではない 15.3％
- 相談《そうだん》しても状況《じょうきょう》が変《か》わるとは思《おも》わない 24.1％
- 家族《かぞく》のことのため話《はな》しにくい 12.0％
- 家族《かぞく》に対《たい》して偏見《へんけん》を持《も》たれたくない 8.3％
- 誰《だれ》に相談《そうだん》するのがよいかわからない 11.1％

出典：厚生労働省「ヤングケアラーの実態に関する調査研究」（令和３年３月、令和４年３月）

もしも自分《じぶん》がヤングケアラーだと思《おも》ったら……

状況《じょうきょう》を理解《りかい》してもらう

学校《がっこう》の先生《せんせい》やスクールカウンセラー、親戚《しんせき》など、周囲《しゅうい》の大人《おとな》に相談《そうだん》することで気持《きも》ちが楽《らく》になる場合《ばあい》も。同《おな》じ境遇《きょうぐう》の仲間同士《なかまどうし》で話《はな》がしたい場合《ばあい》は、ヤングケアラー専用《せんよう》のオンラインコミュニティーに参加《さんか》してみましょう。

ケア負担《ふたん》を減《へ》らす

自治体《じちたい》にはさまざまな支援《しえん》があるので、まずは住《す》んでいる地域《ちいき》の役所《やくしょ》などに相談《そうだん》を。自分《じぶん》で相談《そうだん》するのが難《むずか》しい場合《ばあい》は、周囲《しゅうい》の大人《おとな》やスクールソーシャルワーカーなどに相談《そうだん》して、支援《しえん》につなげてもらいましょう。

あの時《とき》、やりたい事《こと》を
言葉《ことば》にできていたら
どうなっていただろう

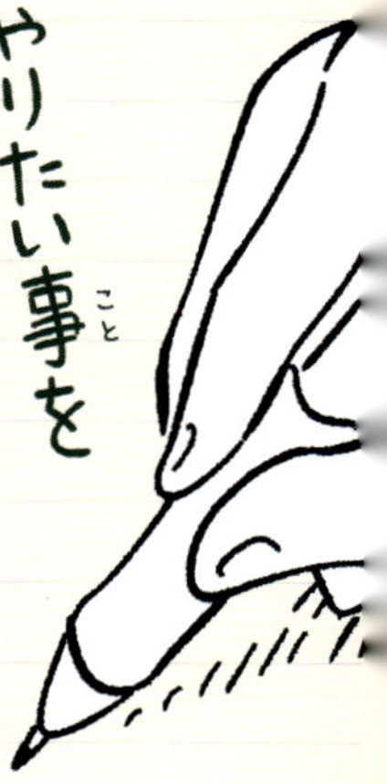

Theme 7

進路《しんろ》

来《らい》年《ねん》度《ど》のコース選《せん》択《たく》について
ご家《か》庭《てい》でよく話《はな》し合《あ》って決《き》めてください
高2コース選択調査
文系〉〈理系
今月中《こんげつちゅう》に全員《ぜんいん》提出《ていしゅつ》するように!
進路《しんろ》か…

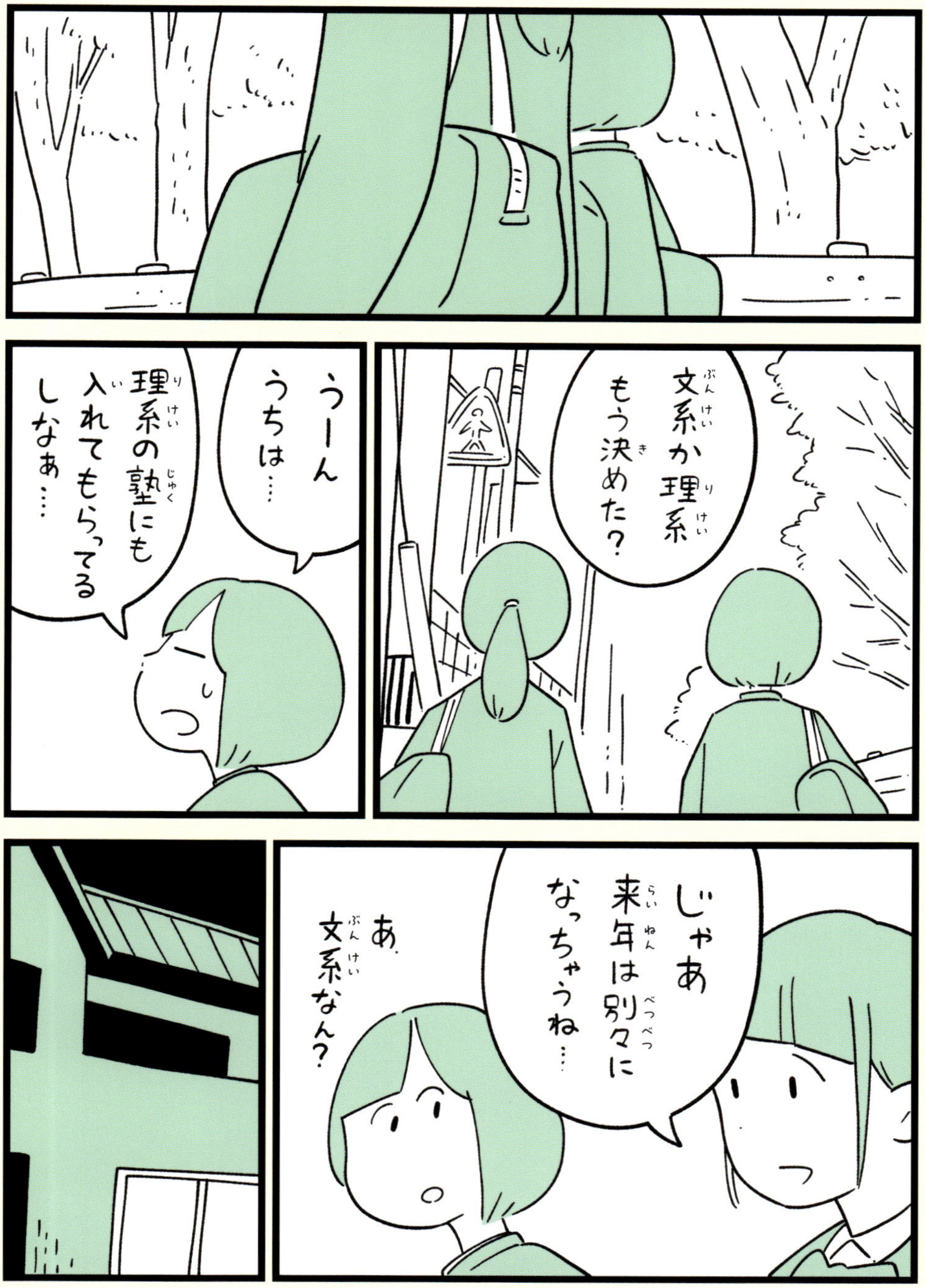
文系《ぶんけい》か理系《りけい》もう決《き》めた？
うーん うちは……
理系《りけい》の塾《じゅく》にも入《い》れてもらってるしなぁ……
じゃあ来年《らいねん》は別々《べつべつ》になっちゃうね…
あ、文系《ぶんけい》なん？

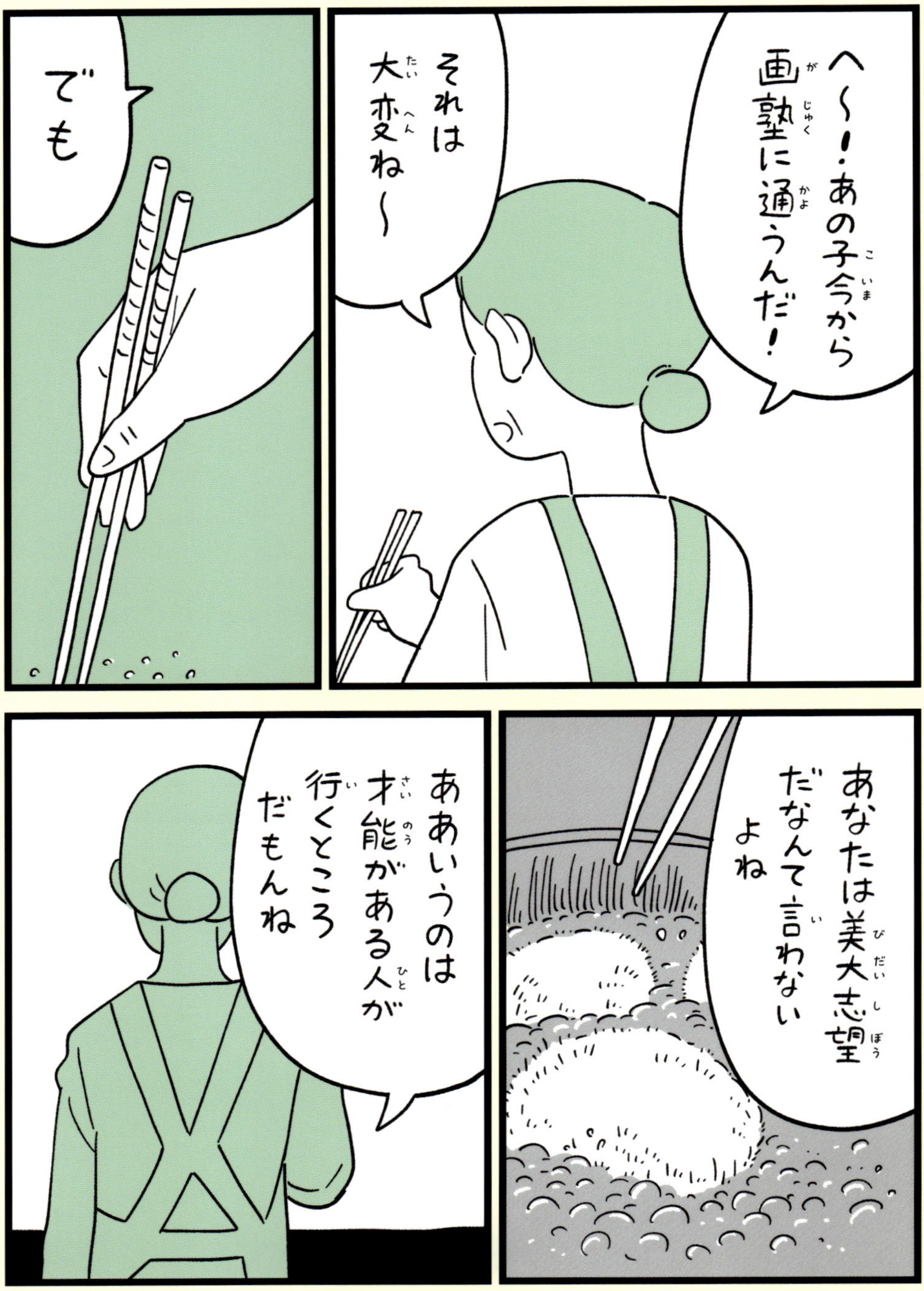
へ〜！あの子《こ》今《いま》から
画《が》塾《じゅく》に通《かよ》うんだ！
それは大《たい》変《へん》ね〜
でも
あなたは美《び》大《だい》志《し》望《ぼう》
だなんて言《い》わない
よね
ああいうのは
才《さい》能《のう》がある人《ひと》が
行《い》くところ
だもんね

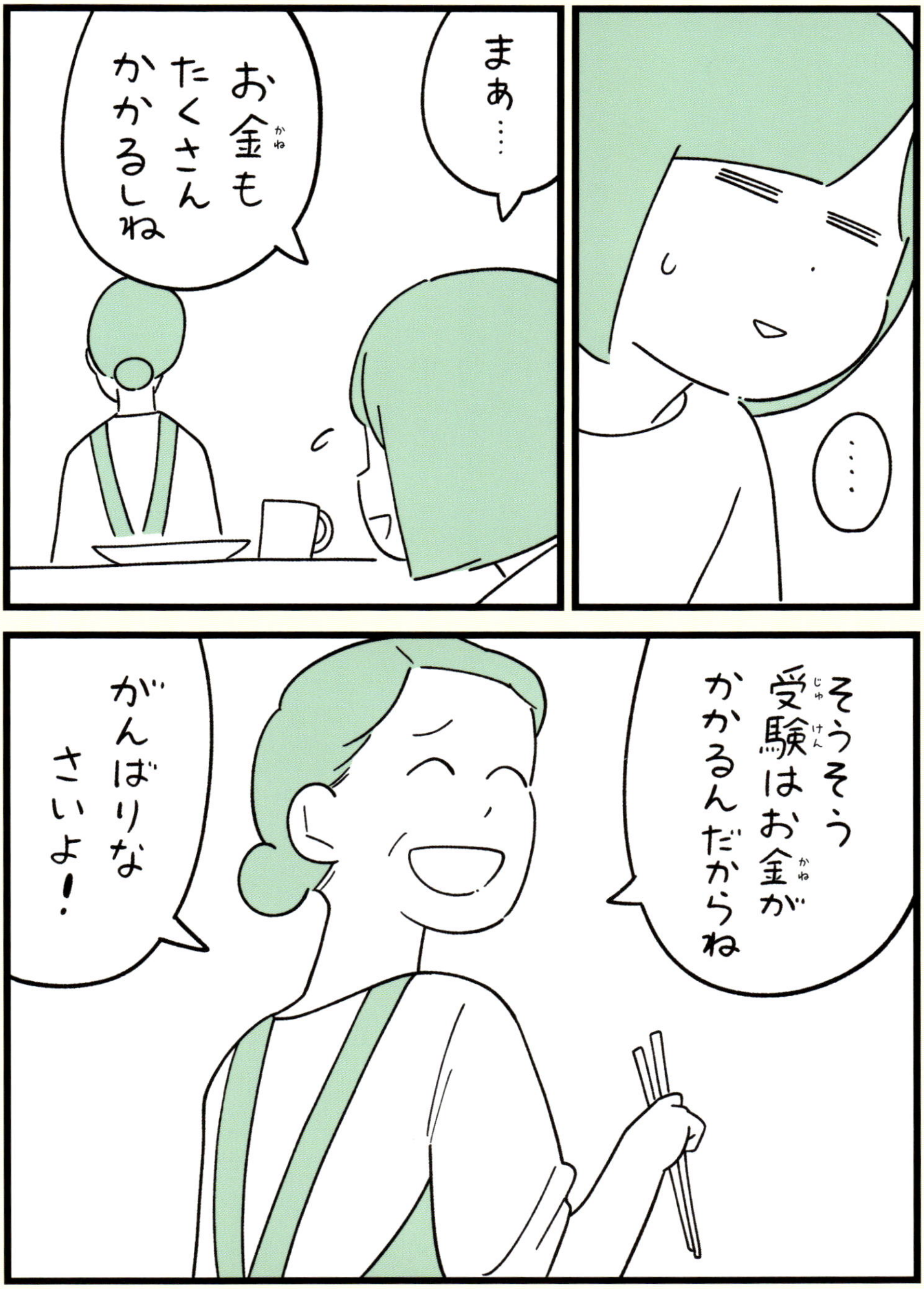
……
まぁ……
お金《かね》もたくさんかかるしね
そうそう受験《じゅけん》はお金《かね》がかかるんだからね
がんばりなさいよ！

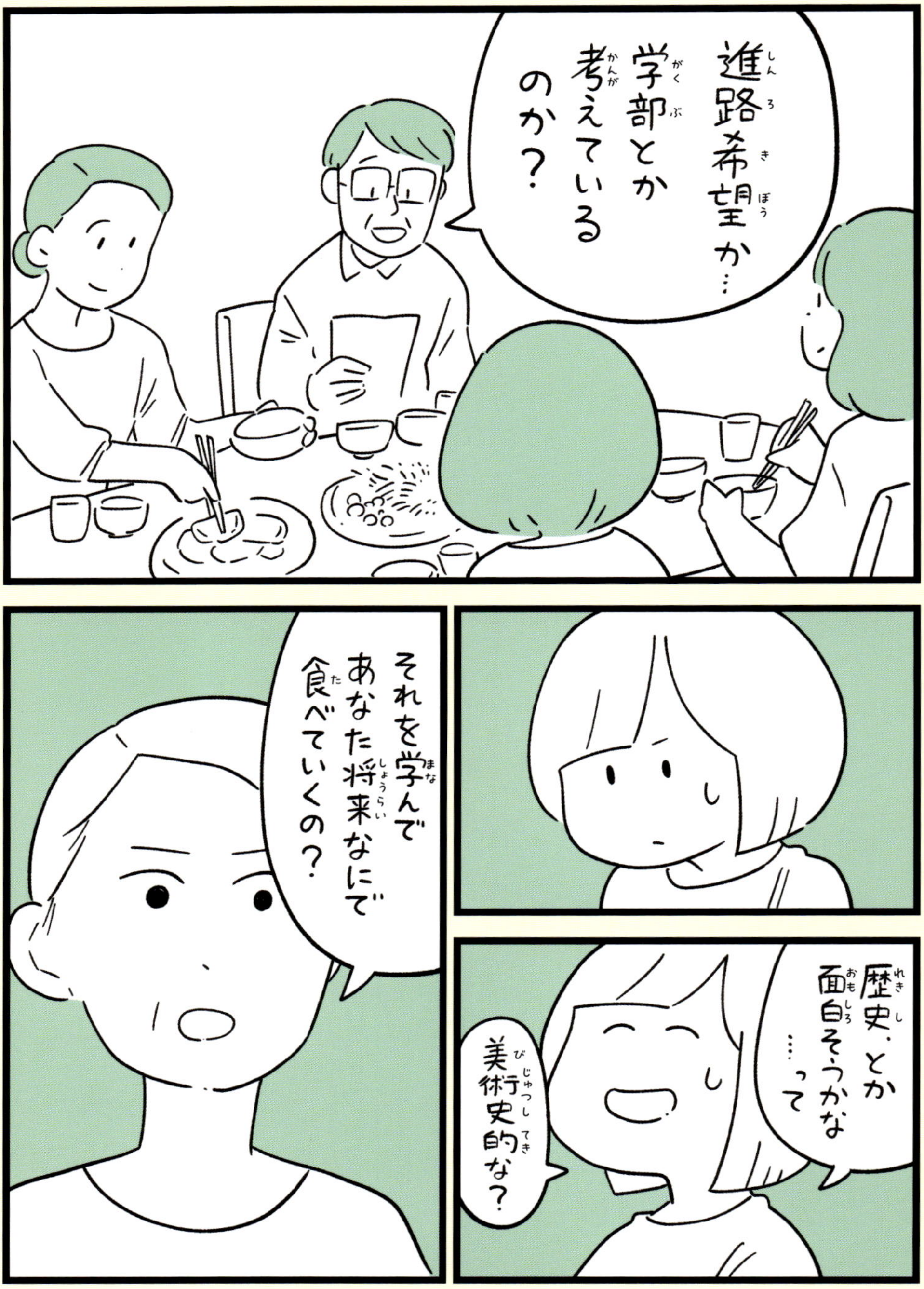

進路《しんろ》希望《きぼう》か…学部《がくぶ》とか考《かんが》えているのか？
歴史《れきし》、とか面白《おもしろ》そうかな……って
美術《びじゅつ》史《し》的《てき》な？
それを学《まな》んであなた将来《しょうらい》なにで食《た》べていくの？

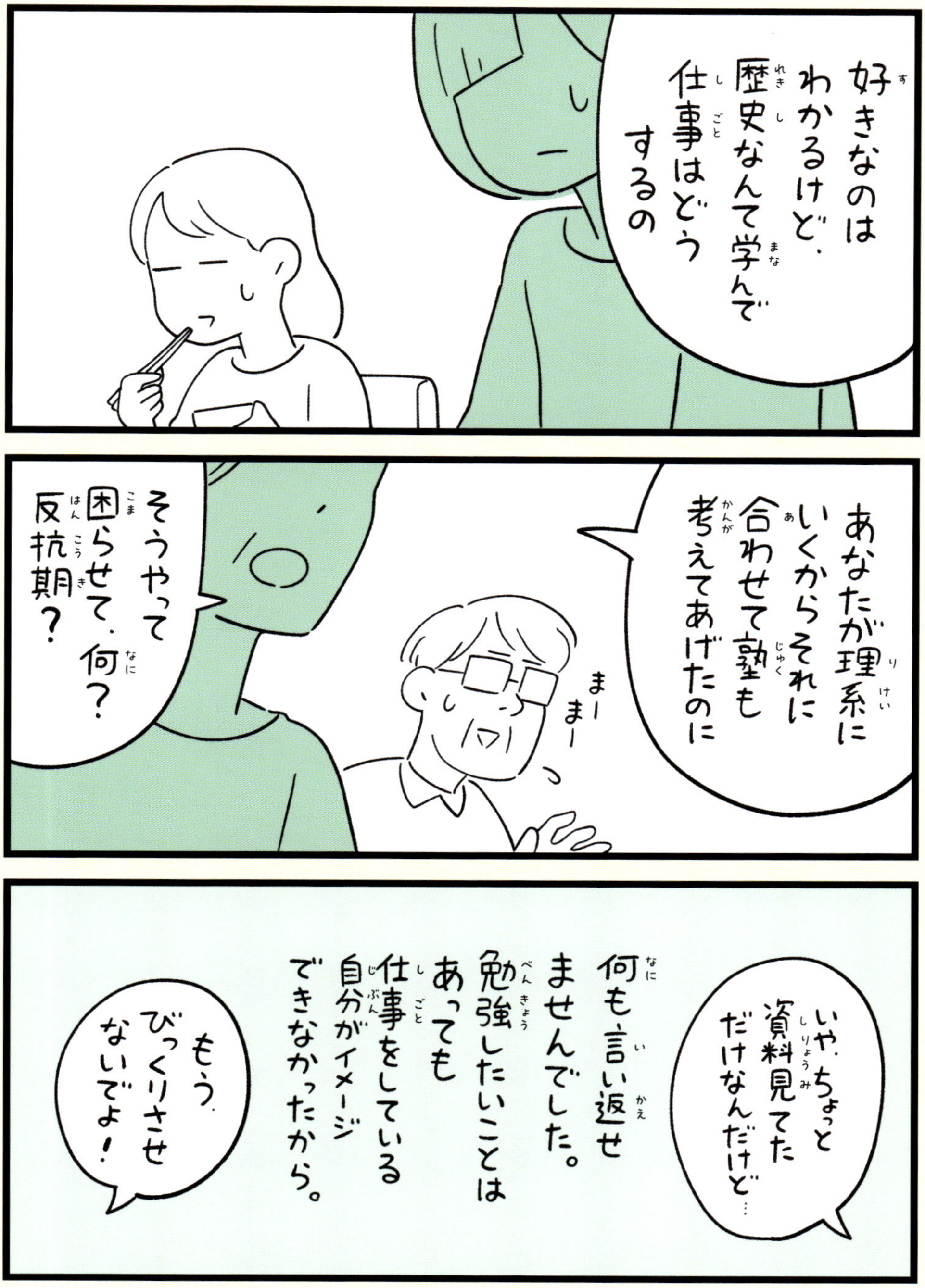
好《す》きなのはわかるけど、歴史《れきし》なんて学《まな》んで仕事《しごと》はどうするの
あなたが理系《りけい》にいくからそれに合《あ》わせて塾《じゅく》も考《かんが》えてあげたのに
まーまー
そうやって困《こま》らせて、何《なに》？反抗期《はんこうき》？
いや、ちょっと資料見《しりょうみ》てただけなんだけど…
何《なに》も言《い》い返《かえ》せませんでした。勉強《べんきょう》したいことはあっても仕事《しごと》をしている自分《じぶん》がイメージできなかったから。
もう、びっくりさせないでよ！

お父《とう》さん
この子《こ》から言《い》いたいことがあるそうだから聞《き》いてあげて
理系《りけい》で、一応《いちおう》今《いま》は○○学科《がっか》を考《かんが》えています。がんばります
おお!
自分《じぶん》で決《き》めたのならお父《とう》さん、全力《ぜんりょく》で応援《おうえん》するぞ!!

たとえそうでなかったとしても、これがやりたいと口《くち》にしてみると、案外《あんがい》その気《き》になれました。
苦手《にがて》だった科目《かもく》の楽《たの》しさも知《し》ることができたし、大学《だいがく》では新《あたら》しい学問《がくもん》にも出《で》あえました。

進学《しんがく》させてくれた両親《りょうしん》には感謝《かんしゃ》しています。後悔《こうかい》しているという訳《わけ》ではありません。でも、時々《ときどき》考《かんが》えてしまいます。

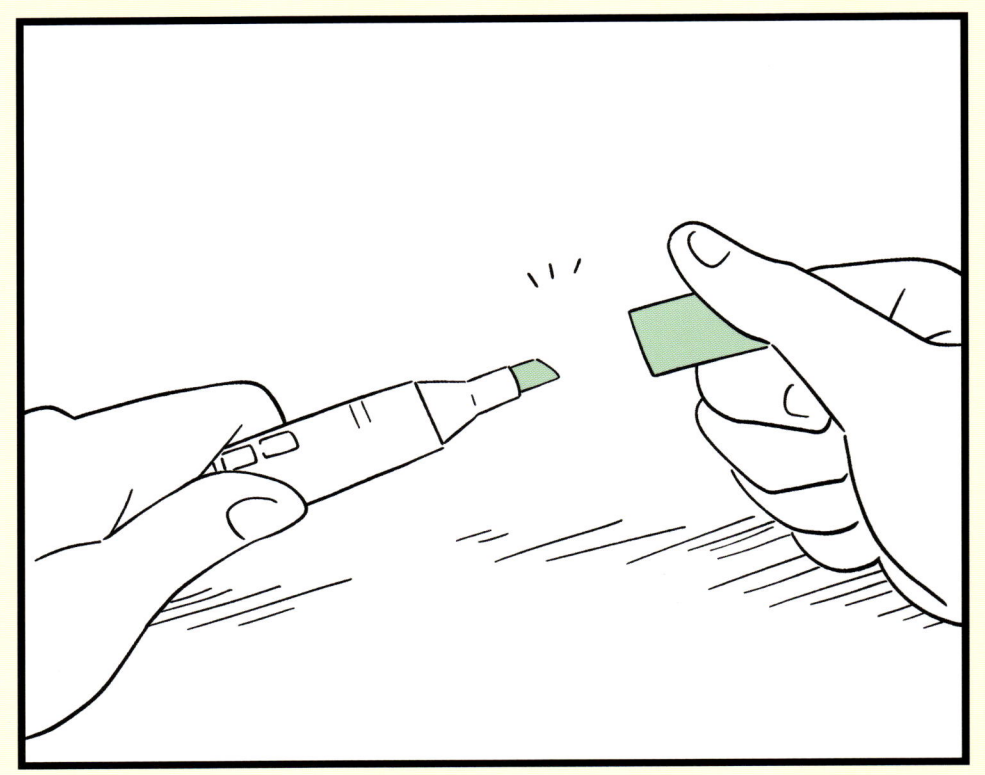

▶ この話《はなし》を読《よ》んで、心当《こころあ》たりがある、相談《そうだん》したいという方《かた》はこちら

24 時間《じかん》子供《こども》 SOS《エスオーエス》 ダイヤル

0120-0-78310

Theme

7

進路《しんろ》

「進路《しんろ》」は親《おや》の意見《いけん》に従《したが》うべき？

高校《こうこう》2年生《ねんせい》の8割以上《わりいじょう》は親《おや》と進路《しんろ》の話《はなし》をしている

高校生《こうこうせい》や中学生《ちゅうがくせい》にとって、卒業後《そつぎょうご》の進路《しんろ》を決《き》めることは将来《しょうらい》の職業《しょくぎょう》や生《い》き方《かた》に直結《ちょっけつ》する重大《じゅうだい》な関心事《かんしんじ》でしょう。

2023年《ねん》に行《おこな》われた調査《ちょうさ》で、高校《こうこう》2年生《ねんせい》の段階《だんかい》で卒業後《そつぎょうご》の進路《しんろ》について保護者《ほごしゃ》と話《はなし》をしているかを尋《たず》ねたところ、83%の高校生《こうこうせい》が「話《はな》す」と回答《かいとう》しました。

また、高校生《こうこうせい》を対象《たいしょう》とした同《おな》じ調査《ちょうさ》で、進路《しんろ》の話《はなし》をするときに保護者《ほごしゃ》がよくつかう言葉《ことば》について聞《き》いたところ、「自分《じぶん》の好《す》きなことをしなさい、やりたいことをやりなさい」が60%でもっとも多《おお》いという結果《けっか》でした。この言葉《ことば》について、高校生《こうこうせい》の反応《はんのう》は「ありがたい」という意見《いけん》と同《どう》時《じ》に、「自身《じしん》に託《たく》されるプレッシャーを感《かん》じる」という意見《いけん》もありました。

進路《しんろ》について保護者《ほごしゃ》と話《はな》す人《ひと》の割合《わりあい》

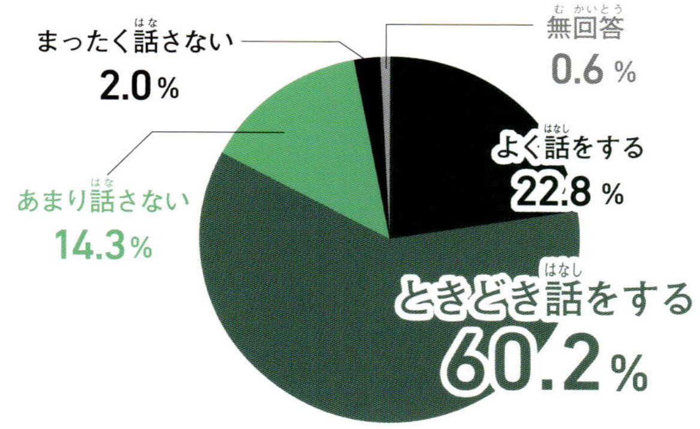

左《ひだり》のグラフは、高校《こうこう》 2年生《ねんせい》の段階《だんかい》で卒業後《そつぎょうご》の進路《しんろ》について親《おや》と話《はな》しているかを尋《たず》ねた結果《けっか》です。性別《せいべつ》で見《み》ると、「話《はな》す（よく話《はなし》をする／ときどき話《はなし》をする）」と答《こた》えた割合《わりあい》は男子《だんし》（79%）より女子《じょし》（88%）のほうが高《たか》いことがわかりました。

進路《しんろ》について保護者《ほごしゃ》と話《はな》す内容《ないよう》（複数回答《ふくすうかいとう》）

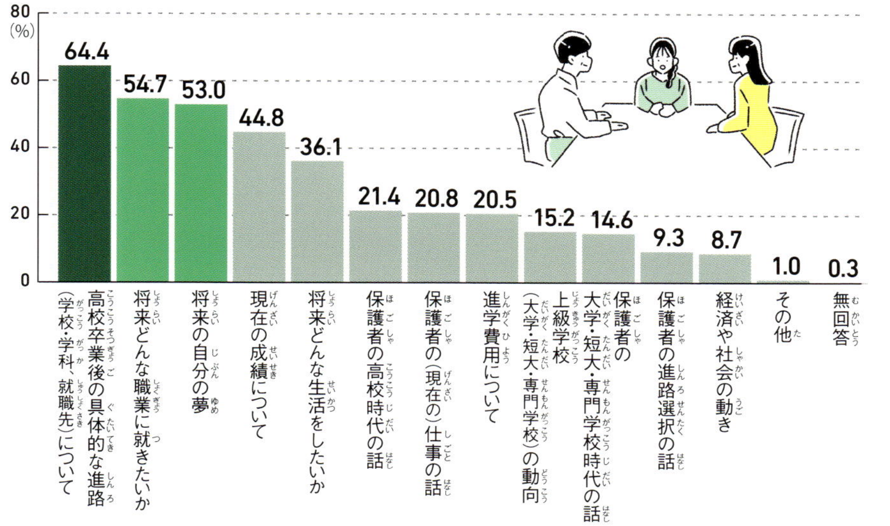

出典：一般社団法人全国高等学校PTA連合会・株式会社リクルート合同調査 第11回「高校生と保護者の進路に関する意識調査」2023年報告書

理系《りけい》に進《すす》んだほうが年収《ねんしゅう》がいい？

大学《だいがく》への進学《しんがく》を希望《きぼう》する高校生《こうこうせい》にとって、文系《ぶんけい》と理系《りけい》のどちらを選《えら》ぶかは、将来《しょうらい》の進路《しんろ》や職業《しょくぎょう》に大《おお》きく影響《えいきょう》します。

2008年《ねん》、同志社大学《どうししゃだいがく》の浦坂純子《うらさかじゅんこ》教授《きょうじゅ》らが大卒者《だいそつしゃ》1600人以上《にんいじょう》を対象《たいしょう》として行《おこな》った調査《ちょうさ》では、文系学部出身者《ぶんけいがくぶしゅっしんしゃ》の平均年収《へいきんねんしゅう》が583万円《まんえん》だったのに対《たい》し、理系学部出身者《りけいがくぶしゅっしんしゃ》は681万円《まんえん》と、文系《ぶんけい》よりも約《やく》100万円《まんえん》も高《たか》いという結果《けっか》でした。

この結果《けっか》を見《み》る限《かぎ》り、進学《しんがく》するなら理系学部《りけいがくぶ》のほうが、将来《しょうらい》の収入面《しゅうにゅうめん》では有利《ゆうり》なようです。そのため、「収入的《しゅうにゅうてき》に安定《あんてい》した職業《しょくぎょう》に就《つ》いてもらいたい」と考《かんが》えて、子《こ》どもが理系学部《りけいがくぶ》へ進学《しんがく》することを望《のぞ》む親《おや》もいるようです。

とはいえ、**「人生《じんせい》は収入《しゅうにゅう》がすべてではない」と考《かんが》える人《ひと》も多《おお》い**でしょう。それに、理系《りけい》に進《すす》んだ結果《けっか》、やりたいことが見《み》つからなかったら、それは正《ただ》しい選択《せんたく》をしたとはいえないでしょう。

主《おも》な文系学部《ぶんけいがくぶ》と理系学部《りけいがくぶ》

理系《りけい》

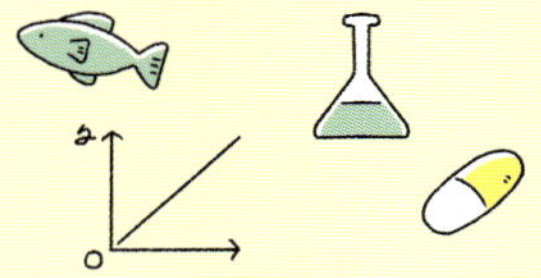

医学部《いがくぶ》、歯学部《しがくぶ》、薬学部《やくがくぶ》、看護学部《かんごがくぶ》、工学部《こうがくぶ》、理学部《りがくぶ》、農学部《のうがくぶ》、水産学部《すいさんがくぶ》など

大《おお》きく分《わ》けると「理工系《りこうけい》」と「医学《いがく》・生物学系《せいぶつがくけい》」の2つがある

文系《ぶんけい》

文学部《ぶんがくぶ》、外国語学部《がいこくごがくぶ》、法学部《ほうがくぶ》、経済学部《けいざいがくぶ》、経営学部《けいえいがくぶ》、商学部《しょうがくぶ》、社会学部《しゃかいがくぶ》、国際関係学部《こくさいかんけいがくぶ》など

大《おお》きく分《わ》けると「人文学系《じんぶんがくけい》」と「社会科学系《しゃかいかがくけい》」の2つがある

文理融合系《ぶんりゆうごうけい》

文理学部《ぶんりがくぶ》、学芸学部《がくげいがくぶ》、総合科学部《そうごうかがくぶ》、人文学部《じんぶんがくぶ》、リベラルアーツ学部《がくぶ》など

近年《きんねん》は文系《ぶんけい》と理系《りけい》の特徴《とくちょう》を併《あわ》せ持《も》つ「文理融合系《ぶんりゆうごうけい》」の学部《がくぶ》も増《ふ》えている

子《こ》どもが耐《た》えられる範囲《はんい》を超《こ》えて教育《きょういく》を強制《きょうせい》する「教育虐待《きょういくぎゃくたい》」

近年《きんねん》、親《おや》が「子《こ》どもが耐《た》えられる範囲《はんい》を超《こ》えて教育《きょういく》を強制《きょうせい》すること」を意味《いみ》する、「教育虐待《きょういくぎゃくたい》」という言葉《ことば》の認知《にんち》が広《ひろ》がりつつあります。

子《こ》どもの将来《しょうらい》のために「いい学校《がっこう》に進《しん》学《がく》させたい」と考《かんが》える教育熱心《きょういくねっしん》な親《おや》はたくさんいます。しかし、そうした思《おも》いが強《つよ》すぎたり、一方的《いっぽうてき》だったりすると、子《こ》どもの意思《いし》を無視《むし》した教育《きょういく》の押《お》しつけとなり、教育虐待《きょういくぎゃくたい》へとつながります。

大切《たいせつ》なのは、子《こ》どもが「イヤだ、つらい」と感《かん》じたら、親《おや》の顔色《かおいろ》をうかがうことなく素直《すなお》にそれを言《い》える環境《かんきょう》です。**子《こ》どもは親《おや》の所有物《しょゆうぶつ》ではありません**。親《おや》が子《こ》どもの人生《じんせい》の正解《せいかい》を知《し》っているわけでもありません。

進路《しんろ》を決《き》める際《さい》は、もちろん親《おや》の考《かんが》えや思《おも》いを尊重《そんちょう》する必要《ひつよう》はありますが、それ以上《いじょう》に、親子《おやこ》で話《はな》し合《あ》い、互《たが》いの考《かんが》えや意思《いし》を理解《りかい》しあうことが大切《たいせつ》です。

こんなケースは「教育虐待《きょういくぎゃくたい》」かも

実力以上《じつりょくいじょう》の学校《がっこう》の受験《じゅけん》を強要《きょうよう》される

夜中《よなか》まで強制的《きょうせいてき》に勉強《べんきょう》をさせられる

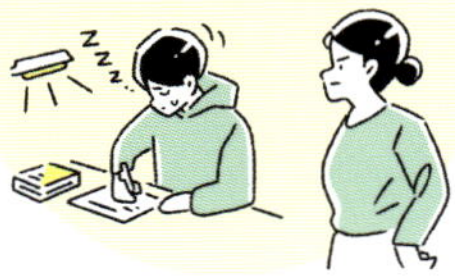

教育虐待《きょういくぎゃくたい》は、親《おや》が子《こ》どものやりたいことを考慮《こうりょ》せず、一方的《いっぽうてき》にコントロールしようとする場合《ばあい》に起《お》こることが多《おお》いです。親自身《おやじしん》は、「子《こ》どものため」と思《おも》っているので、虐待《ぎゃくたい》をしている自覚《じかく》がない場合《ばあい》がほとんどです。

グチや弱音《よわね》を吐《は》くと「あなたのため」と説得《せっとく》される

趣味《しゅみ》や遊《あそ》び、好《す》きな習《なら》いごとなどを禁止《きんし》される

テストの結果《けっか》や成績《せいせき》が悪《わる》いと大声《おおごえ》で叱《しか》られる

親《おや》の押《お》しつけが原因《げんいん》で、自信《じしん》をなくしたり、自己主張《じこしゅちょう》が苦手《にがて》になったりする子《こ》どももいます。ひとつでも当《あ》てはまったら、勇気《ゆうき》を出《だ》して相談機関《そうだんきかん》やスクールカウンセラー、先生《せんせい》などに相談《そうだん》してみましょう。

自分《じぶん》の意見《いけん》を言《い》ってもすぐに否定《ひてい》される

交友関係《こうゆうかんけい》などの個人的《こじんてき》なことに、過度《かど》に干渉《かんしょう》される

社会《しゃかい》に出《で》るためには「自分《じぶん》で決《き》める」覚悟《かくご》も必要《ひつよう》

進路《しんろ》を選《えら》ぶことは、「自分《じぶん》の人生《じんせい》を自分《じぶん》で選択《せんたく》する」ことにつながります。

もちろん、親《おや》や先生《せんせい》が言《い》っていることにはしっかりと耳《みみ》を傾《かたむ》けるべきです。しかし、何《なに》も考《かんが》えずに周《まわ》りの大人《おとな》の言《い》うことを聞《き》くだけでは、大人《おとな》になってから自《じ》分《ぶん》で進《すす》む道《みち》を選《えら》んだり、ものごとを決《き》めたりすることができなくなってしまうかもしれません。

もしも「どうしてもやりたい（学《まな》びたい）ことがあるけれども、親《おや》が認《みと》めてくれない」という場合《ばあい》には、「自分《じぶん》で決《き》めて、前《まえ》に進《すす》む」という覚悟《かくご》を持《も》つことも大切《たいせつ》です。

親《おや》の言《い》いなりになって、自分《じぶん》がつまらない人生《じんせい》を送《おく》ることになっても、誰《だれ》もその責任《せきにん》は取《と》ってくれません。責任《せきにん》を取《と》るのは、あなた自身《じしん》です。

「自分《じぶん》は何《なに》をしたいのか」をしっかりと考《かんが》えて、**自分《じぶん》で自分《じぶん》の人生《じんせい》を選《えら》び取《と》ることが、あなたの未来《みらい》をつくる**のです。

中学生《ちゅうがくせい》の「将来《しょうらい》の夢《ゆめ》」（複数回答《ふくすうかいとう》）

とはいえ、「将来《しょうらい》、自分《じぶん》がどうなりたいか」がまだわからないという人《ひと》も多《おお》いはず。そこで、実際《じっさい》の中学生《ちゅうがくせい》たちが、どんな自分《じぶん》の未来《みらい》を思《おも》い描《えが》いているのかを調査《ちょうさ》した結果《けっか》を見《み》てみましょう。

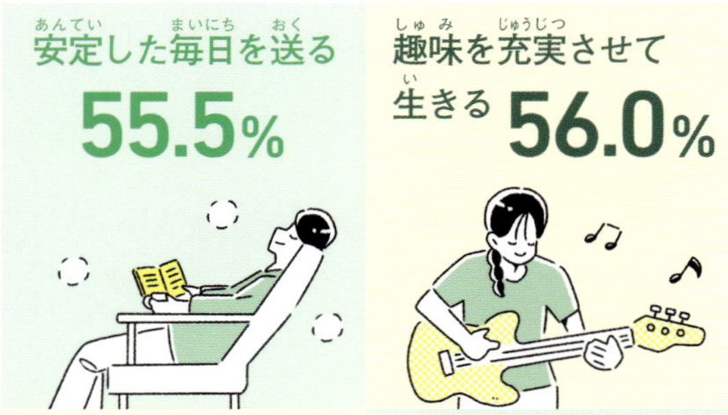

出典：ソニー生命「中高生が思い描く将来についての意識調査 2024」

Theme 8

不登校《ふとうこう》

学《がっ》校《こう》に
いきたくない

いじめに
あっているとか
ハッキリとした
行《い》けない理《り》由《ゆう》が
あった訳《わけ》では
ないです。

今日《きょう》大事《だいじ》な班決《はんぎ》めがあるからゼッタイ行《い》くって言《い》ってたじゃない!!
ただとにかく学校《がっこう》に行《い》きたくない。休《やす》んだら自分《じぶん》が困《こま》るって事《こと》もわかっています。
でも起《お》きれない
……
母《かあ》さんもう仕事《しごと》いくから遅《おく》れてでも行《い》きなさいよ

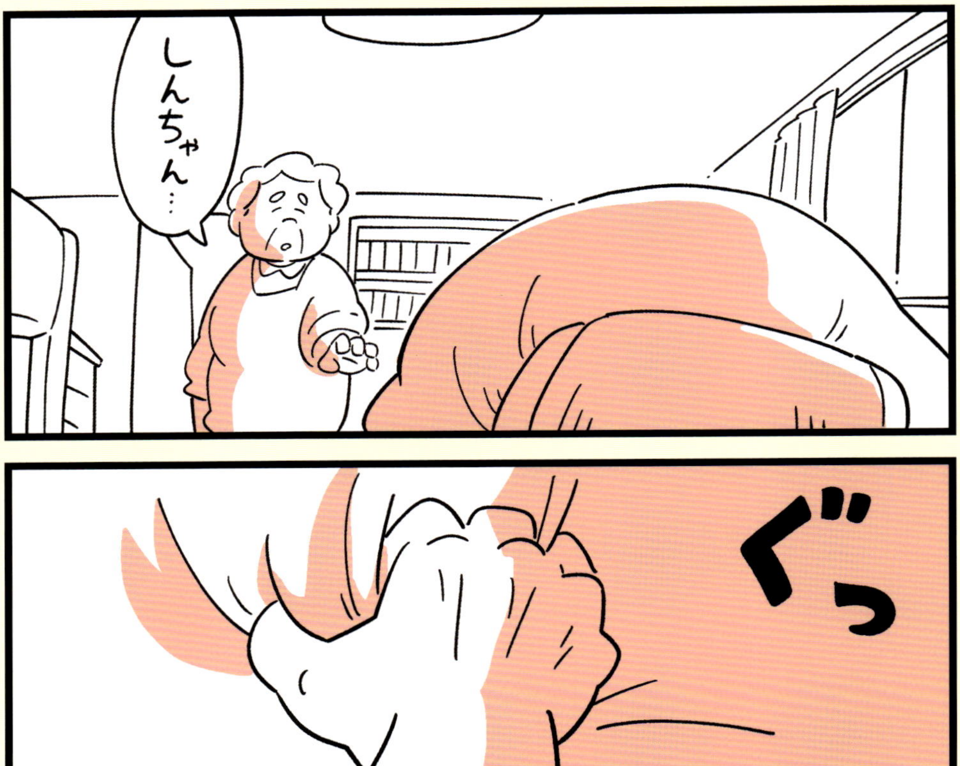
しんちゃん…
ぐっ
バッ

いつまでも黙《だま》ってもぐってないで出《で》てこんかい!!
勉強《べんきょう》わからんなるで!!
休《やす》んだらいかんで!!
今思《いまおも》えば自分《じぶん》の考《かんが》えをちゃんと言葉《ことば》にして伝《つた》えていればよかったと思《おも》います。
でも当時《とうじ》は行《い》きたくないって事《こと》すら言《い》えず、こうやって朝《あさ》格闘《かくとう》していました。

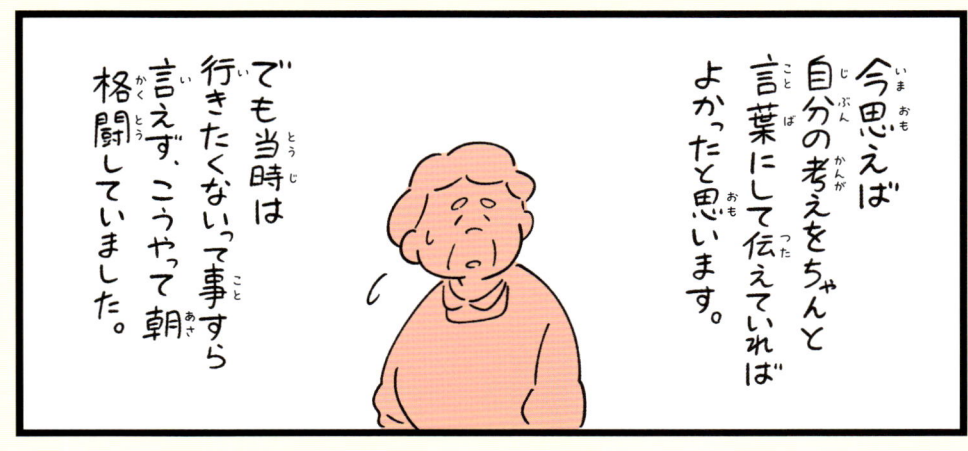

家族《かぞく》が説得《せっとく》をあきらめたころ
作《つく》ってくれてた朝《あさ》ごはん…
安堵《あんど》した後《あと》とてつもない後悔《こうかい》と罪悪感《ざいあくかん》が押《お》し寄《よ》せてきます。
ゲームがまたどこかにしまわれてる…
別《べつ》にゲームがしたくて休《やす》んだ訳《わけ》じゃないんだ

昼《ひる》になると母《はは》は
昼食《ちゅうしょく》をとりに
帰《かえ》ってきます。

気《き》にしないフリを
してくれるのが
申《もう》し訳《わけ》なかった
じゃっ
行《い》ってくる
ねー

当時《とうじ》の自分《じぶん》の中《なか》で
学校《がっこう》に行《い》かない事《こと》は
絶対的《ぜったいてき》に悪《あく》でした。

もう夕方《ゆうがた》か…
祖母《そぼ》が好《す》きな時代劇《じだいげき》が始《はじ》まると
少《すこ》し気《き》が楽《らく》になっていきます。
スケさんカクさん
やっておしまいなさい
もうみんな家《いえ》に帰《かえ》り始《はじ》める時間《じかん》だから

次《つぎ》の日《ひ》
ゴソッ
休《やす》んだ翌日《よくじつ》の机《つくえ》の中《なか》には大量《たいりょう》のプリントが入《はい》っているけど、勉強《べんきょう》は嫌《きら》いじゃないので大《たい》した苦《く》ではありませんでした。
それから高校《こうこう》に進学《しんがく》しても学校嫌《がっこうぎら》いは変《か》わらず結局一年《けっきょくいちねん》で退学《たいがく》しました。
家族《かぞく》はみんな残念《ざんねん》がっていましたがしばらくたったころには家《いえ》にいる自分《じぶん》の事《こと》を受《う》け入《い》れてくれるようになりました。

▶ この話《はなし》を読《よ》んで、心当《こころあ》たりがある、相談《そうだん》したいという方《かた》はこちら

24時間《じかん》子供《こども》SOS《エスオーエス》ダイヤル

0120-7-78310

Theme
8
不登校《ふとうこう》

学校《がっこう》へは絶対《ぜったい》に行《い》くべき？

不登校《ふとうこう》の児童《じどう》・生徒《せいと》は日本全国《にほんぜんこく》に約《やく》35万人《まんにん》いる

不登校《ふとうこう》の児童《じどう》や生徒《せいと》の割合《わりあい》は、年々増《ねんねんぞう》加《か》しています。2024年《ねん》10月《がつ》に文部科《もんぶか》学省《がくしょう》は、**日本の小《しょう》・中学校《ちゅうがっこう》における不登《ふとう》校児童生徒《こうじどうせいと》は約《やく》35万人《まんにん》**とのデータを発表《はっぴょう》しました。

なお、文部科学省《もんぶかがくしょう》は不登校《ふとうこう》について、「何《なに》らかの心理的《しんりてき》、情緒的《じょうちょてき》、身体的《しんたいてき》あるいは社会的要因《しゃかいてきよういん》・背景《はいけい》により、登校《とうこう》しないあるいはしたくともできない状況《じょうきょう》にあるために年間《ねんかん》30日以上欠席《にちいじょうけっせき》した者《もの》のうち、病気《びょうき》や経済的《けいざいてき》な理由《りゆう》による者《もの》を除《のぞ》いたもの」と定義《ていぎ》しています。

2020年以降《ねんいこう》の不登校《ふとうこう》の急激《きゅうげき》な増加《ぞうか》については、コロナ禍《か》の影響《えいきょう》を指摘《してき》する声《こえ》もありますが、明確《めいかく》な原因《げんいん》はわかっていません。

増《ふ》え続《つづ》ける不登校《ふとうこう》の児童《じどう》・生徒《せいと》

不登校《ふとうこう》の児童《じどう》・生徒数《せいとすう》は30年以上《ねんいじょう》にわたって増加傾向《ぞうかけいこう》にあり、
とくに令和《れいわ》になって以降《いこう》、急増《きゅうぞう》しています。

小《しょう》・中学校《ちゅうがっこう》における不登校者数《ふとうこうしゃすう》の推移《すいい》（1991 ～ 2023年《ねん》）

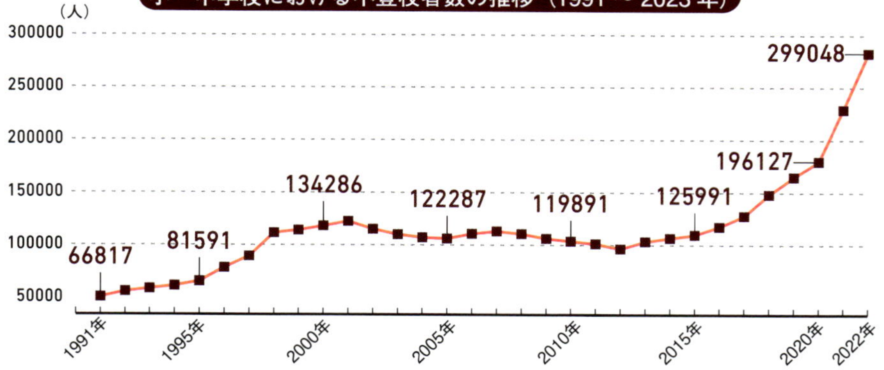

出典：文部科学省「令和５年度 児童生徒の問題行動・不登校等生徒指導上の諸課題に関する調査結果」

不登校《ふとうこう》が増《ふ》え続《つづ》ける理由《りゆう》

近年《きんねん》、なぜ不登校者《ふとうこうしゃ》の数《かず》が急激《きゅうげき》に増《ふ》えているのか、その明《めい》確《かく》な理由《りゆう》はわかっていません。一説《いっせつ》には、昔《むかし》と比《くら》べて不登校《ふとうこう》を「ふつうのこと」ととらえて容認《ようにん》する社会《しゃかい》になってきたことが要因《よういん》ともいわれています。昔《むかし》よりも個人《こじん》の考《かんが》えを尊重《そんちょう》するようになって良《よ》いことと考《かんが》える人《ひと》もいれば、集団生活《しゅうだんせいかつ》の大切《たいせつ》さを学《まな》ぶ機会《きかい》が減《へ》ることを危《あや》ぶむ人《ひと》もいます。

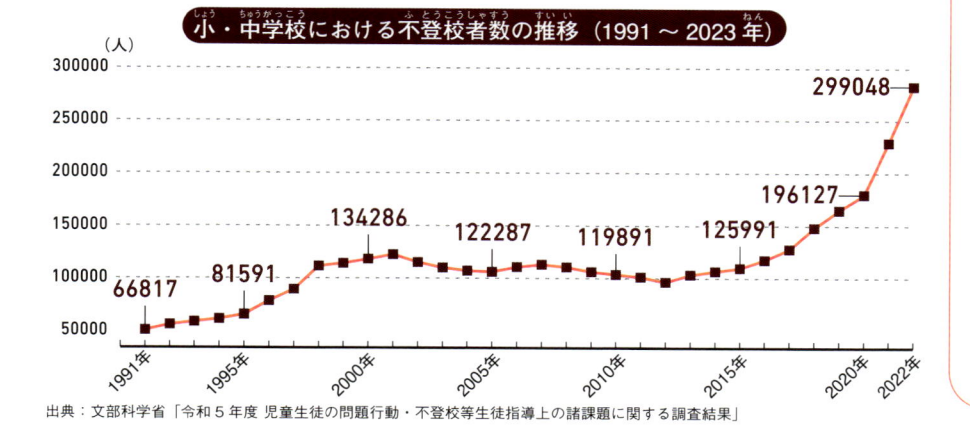

学校《がっこう》に通《かよ》えなくなる要因《よういん》は「無気力《むきりょく》・不安《ふあん》」が約《やく》5割《わり》

前《ぜん》ページと同《おな》じ調査《ちょうさ》によると、**不登校《ふとうこう》の要因《よういん》としてもっとも多《おお》かったのは「無《む》気力《きりょく》・不安《ふあん》」**で、小《しょう》・中学生《ちゅうがくせい》ともに5割《わり》以上《いじょう》でした。「いじめ」が要因《よういん》の不登校《ふとうこう》は、小学生《しょうがくせい》が0・3%、中学生《ちゅうがくせい》が0・2%でしたが、この調査《ちょうさ》は学校《がっこう》からの聞《き》き取《と》りを参考《さんこう》にしているため、児童《じどう》や生徒《せいと》が直《ちょく》接回答《せっかいとう》した場合《ばあい》には、もっと多《おお》くなる可《か》能性《のうせい》があります。

なお、2020年《ねん》に行《おこな》われた調査《ちょうさ》によると、最初《さいしょ》に「学校《がっこう》に行《い》きづらい」と感《かん》じ始《はじ》めたきっかけとして多《おお》かったのは、小学生《しょうがくせい》が「先生《せんせい》のこと（先生《せんせい》と合《あ》わなかった、先生《せんせい》が怖《こわ》かったなど）」で29・7%、中学生《ちゅうがくせい》が「身体《からだ》の不調《ふちょう》（学校《がっこう》に行《い》こうとするとおなかが痛《いた》くなったなど）」で32・6%でした。

また、発達障害《はったつしょうがい》や起立性調節障害《きりつせいちょうせつしょうがい》（自《じ》律神経《りつしんけい》が乱《みだ》れることで朝起《あさお》きるのがつらくなったり、身体《からだ》がだるく感《かん》じたりする病気《びょうき》）も、不《ふ》登校《とうこう》との関連《かんれん》が指摘《してき》されています。

不登校《ふとうこう》になる要因《よういん》とは？

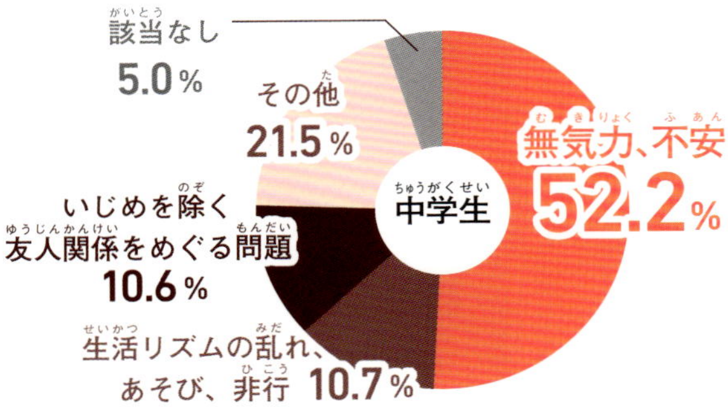

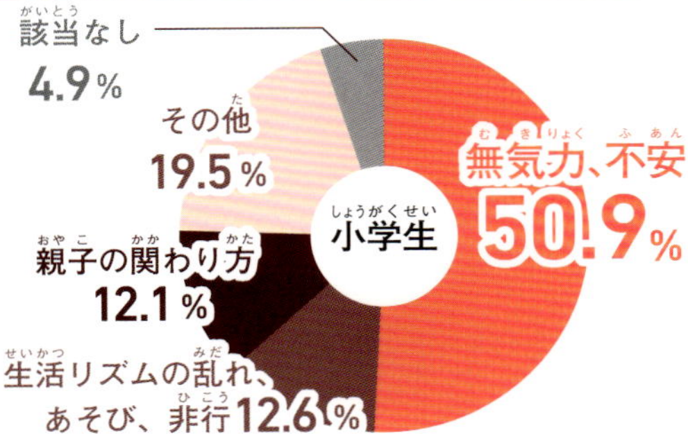

他《ほか》には……（その他《た》 21.5%の内訳《うちわけ》）

・学業不振《がくぎょうふしん》 5.8%　・親子《おやこ》の関《かか》わり方《かた》 4.9%　・入学《にゅうがく》、転《てん》編入学《へんにゅうがく》、進級時《しんきゅうじ》の不適応《ふてきおう》 3.8%　・家庭《かてい》の生活環境《せいかつかんきょう》の急《きゅう》激《げき》な変化《へんか》 2.2%　・家庭内《かていない》の不和《ふわ》 1.7%　・教職員《きょうしょくいん》との関《かん》係《けい》をめぐる問題《もんだい》 0.9%　・進路《しんろ》に係《かか》る不安《ふあん》 0.9%　・学校《がっこう》のきまり等《とう》をめぐる問題《もんだい》 0.7%　・クラブ活動《かつどう》、部活動《ぶかつどう》等《とう》への不適応《ふてきおう》 0.4%　・いじめ 0.2%

他《ほか》には……（その他《た》 19.5%の内訳《うちわけ》）

・いじめを除《のぞ》く友人関係《ゆうじんかんけい》をめぐる問題《もんだい》 6.6%　・学業《がくぎょう》の不《ふ》振《しん》 3.2%　・家庭《かてい》の生活環境《せいかつかんきょう》の急激《きゅうげき》な変化《へんか》 3.2%　・入《にゅう》学《がく》、転編入学《てんへんにゅうがく》、進級時《しんきゅうじ》の不適応《ふてきおう》 1.8%　・教職員《きょうしょくいん》との関《かん》係《けい》をめぐる問題《もんだい》 1.8%　・家庭内《かていない》の不和《ふわ》 1.5%　・学校《がっこう》のきまり等《とう》をめぐる問題《もんだい》 0.7%　・進路《しんろ》に係《かか》る不安《ふあん》 0.3%　・いじめ 0.3%　・クラブ活動《かつどう》、部活動等《ぶかつどうとう》への不適応《ふてきおう》 0.03%

※実際の調査では、要因の「主たるもの」と「主たるもの以外にも当てはまるもの」を調査。上のグラフは「主たるもの」のみの結果。

成長《せいちょう》にともなう「要因《よういん》」の変化《へんか》

不登校《ふとうこう》の要因《よういん》は、小《しょう》・中学生《ちゅうがくせい》ともに「無気力《むきりょく》・不安《ふあん》」が 5割以上《わりいじょう》と高《たか》いです。細《こま》かい数値《すうち》を見《み》ると、小学《しょうがく》生《せい》で高《たか》い「親子《おやこ》の関《かか》わり方《かた》」が中学生《ちゅうがくせい》では低《ひく》くなり、一方《いっぽう》、小学生《しょうがくせい》で低《ひく》い「友人関係《ゆうじんかんけい》」「学業《がくぎょう》」などの項目《こうもく》が中学生《ちゅうがくせい》で高《たか》くなっています。つまり、中学生《ちゅうがくせい》になると家庭《かてい》よりも学校生活《がっこうせいかつ》に関連《かんれん》した問題《もんだい》が、不登校《ふとうこう》の要因《よういん》となる可能性《かのうせい》が高《たか》くなると考《かんが》えられます。

出典：文部科学省「令和４年度 児童生徒の問題行動・不登校等生徒指導上の諸課題に関する調査結果」

教室《きょうしつ》へ通《かよ》えなくてもいい 自分《じぶん》に合《あ》った居場所《いばしょ》を探《さが》そう

教室《きょうしつ》へ通《かよ》えない場合《ばあい》には、保健室登校《ほけんしつとうこう》や校内《こうない》フリースクールのほか、教育支援《きょういくしえん》センターや民間《みんかん》のフリースクールに通《かよ》うという選択肢《せんたくし》もあります（ただし、民間《みんかん》のフリースクールは出席扱《しゅっせきあつか》いにならない場合《ばあい》もあるので注意《ちゅうい》が必要《ひつよう》）。不登校特例校《ふとうこうとくれいこう》に転校《てんこう》するという選択肢《せんたくし》もありますが、住《す》んでいる場所《ばしょ》によっては通《かよ》うのが難《むずか》しい場合《ばあい》もあります。高校生《こうこうせい》なら通信制高校《つうしんせいこうこう》への編《へん》入《にゅう》という選択肢《せんたくし》もあるでしょう。

最近《さいきん》は、一定《いってい》の条件《じょうけん》を満《み》たせば出席扱《しゅっせきあつか》いになる小《しょう》・中学生《ちゅうがくせい》向《む》けのオンライン教《きょう》材《ざい》も増《ふ》えています。また、受験資格《じゅけんしかく》を得《え》るには、中卒程度認定試験《ちゅうそつていどにんていしけん》や高卒程度認《こうそつていどにん》定試験《ていしけん》を受《う》けるという方法《ほうほう》もあります。

不登校《ふとうこう》になっても「自分《じぶん》の人生《じんせい》は終《お》わった」などと思《おも》う必要《ひつよう》はありません。不登《ふとう》校《こう》になったら、まずはよく休《やす》んで心《こころ》の疲《つか》れをとり、そのあとに自分《じぶん》に合《あ》った居場《いば》所《しょ》を探《さが》すようにしましょう。

学校《がっこう》に通《かよ》うのが難《むずか》しい場合《ばあい》の選択肢《せんたくし》

教室《きょうしつ》へ通《かよ》うのが難《むずか》しい場合《ばあい》は、
以下《いか》の学校《がっこう》や施設《しせつ》へ通《かよ》うという選択肢《せんたくし》もあります。

校内教育《こうないきょういく》支援《しえん》センター（校内《こうない》フリースクール）
学校《がっこう》には行《い》けても教室《きょうしつ》に入《はい》ることが難《むずか》しい生徒《せいと》・児童《じどう》を、学校内《がっこうない》の空《あ》き教室《きょうしつ》などを活用《かつよう》して支援《しえん》するしくみ。

フリースクール
不登校《ふとうこう》の児童《じどう》・生徒《せいと》に対《たい》し、一人《ひとり》ひとりに合《あ》った学習活動《がくしゅうかつどう》や教育相談《きょういくそうだん》、体験活動《たいけんかつどう》などを行《おこな》う民間《みんかん》の施設《しせつ》。基本的《きほんてき》に有料《ゆうりょう》。

不登校《ふとうこう》特例校《とくれいこう》
不登校《ふとうこう》の児童《じどう》・生徒《せいと》のために、通《つう》常《じょう》の学校《がっこう》より授業時間《じゅぎょうじかん》を減《へ》らすなど柔軟《じゅうなん》に学《まな》ぶことができる学校《がっこう》。「学《まな》びの多様化学校《たようかがっこう》」ともいう。

教育支援《きょういくしえん》センター（適応指導教室《てきおうしどうきょうしつ》）
教育委員会《きょういくいいんかい》が開設《かいせつ》している、一人《ひとり》ひとりに合《あ》わせた個別学《こべつがく》習《しゅう》や相談《そうだん》などを行《おこな》う施設《しせつ》。無《む》料《りょう》で利用《りよう》できる。

ほっとできる場所《ばしょ》、居心地《いごこち》のよい場所《ばしょ》（複数回答《ふくすうかいとう》）

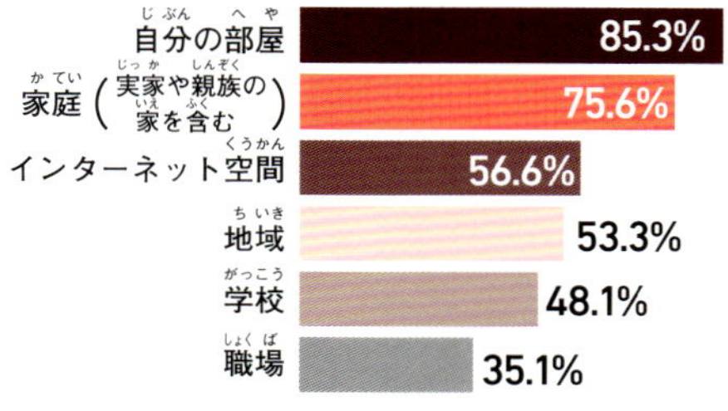

出典：こども家庭庁「子供・若者インデックスボード ver.4.0」

安心《あんしん》できる「居場所《いばしょ》」をつくろう

2019年《ねん》に国《くに》が行《おこな》った調査《ちょうさ》によると、居場所《いばしょ》の多《おお》さと自己認識《じこにんしき》の前向《まえむ》きさには相関《そうかん》があり、居場《いば》所《しょ》の数《かず》が多《おお》い人《ひと》ほど「自己肯定感《じここうていかん》」「チャレンジ精神《せいしん》」「今《いま》の充実感《じゅうじつかん》」「将来《しょうらい》への希望《きぼう》」などが高《たか》まる傾向《けいこう》にあることがわかっています。不《ふ》登校《とうこう》になっても孤独《こどく》を抱《かか》え込《こ》まず、オンラインでもいいのでなるべく多《おお》くの人《ひと》とのつながりをつくって、自分《じぶん》の居場所《いばしょ》を確保《かくほ》することが大《たい》切《せつ》です。

もしも不登校《ふとうこう》の友《とも》だちがいたら？

もしも不登校《ふとうこう》の友《とも》だちがいたら、心配《しんぱい》に思《おも》う人《ひと》がほとんどでしょう。だからといって、「早《はや》く学校《がっこう》に来《き》て」などと声《こえ》をかけるのは避《さ》けましょう。言《い》われたほうは「学校《がっこう》に行《い》かなくちゃ」とプレッシャーを感《かん》じたり、「休《やす》むのは悪《わる》いことなんだ」と罪悪感《ざいあくかん》を覚《おぼ》えたりしてしまう場合《ばあい》があるからです。同《おな》じ理由《りゆう》で、「なんで学校《がっこう》に来《こ》られないの？」などと理由《りゆう》を聞《き》いたり、「もっとがんばらないと」などと責《せ》めたりすることもやめましょう。

相手《あいて》が心配《しんぱい》な場合《ばあい》は、**「不登校《ふとうこう》」であることには触《ふ》れず、いつもどおりに接《せっ》するのがいちばん**です。マンガやゲームなど趣味《しゅみ》の話《はなし》をするのもいいでしょう。授業《じゅぎょう》のノートやプリントを持《も》っていくといった学習面《がくしゅうめん》のサポートも、相手《あいて》に「気《き》にしてくれる人《ひと》がいる」という安心感《あんしんかん》を与《あた》え、勉強《べんきょう》が遅《おく》れる不安《ふあん》もやわらげることができます。

不登校《ふとうこう》の友《とも》だちがいたらどうすればいい？

○ 不登校《ふとうこう》の友《とも》だちにやってあげるといいこと

いつもどおりに接《せっ》する

不登校《ふとうこう》になると孤独《こどく》を感《かん》じる人《ひと》が多《おお》いです。そんなときに、不《ふ》登校《とうこう》のことには触《ふ》れずに、いつもどおりに接《せっ》してくれる友《とも》だちがいると相手《あいて》は安心《あんしん》します。

こまめに連絡《れんらく》する

メールやLINE《ライン》などで、趣味《しゅみ》の話《はなし》など何気《なにげ》ない話題《わだい》をもちかけることで、相手《あいて》は対《たい》話《わ》がしやすくなり、気持《きも》ちも明《あか》るくなります。

勉強《べんきょう》のサポートをする

授業《じゅぎょう》のノートやプリントを届《とど》けることを提案《ていあん》すれば、相手《あいて》に「気《き》に掛《か》けている」ことが伝《つた》わるうえ、勉強《べんきょう》が遅《おく》れる不安《ふあん》もやわらぎます。

× 不登校《ふとうこう》の友《とも》だちにやってはいけないこと

「学校《がっこう》に来《き》て」と言《い》う

「みんなに迷惑《めいわく》をかけている」「学校《がっこう》に行《い》けない自分《じぶん》はダメなんだ」などと、相手《あいて》が心理的《しんりてき》に追《お》い詰《つ》められてしまう場合《ばあい》があります。

不登校《ふとうこう》になった理由《りゆう》を聞《き》く

不登校《ふとうこう》になった原因《げんいん》は1つでないことが多《おお》く、本人《ほんにん》がわからない場合《ばあい》も。答《こた》えられない質問《しつもん》をしても、相手《あいて》を困《こま》らせるだけです。

「がんばろう」などと励《はげ》ます

心《こころ》が元気《げんき》な状態《じょうたい》であれば、励《はげ》ましの言葉《ことば》は相手《あいて》を勇気《ゆうき》づけます。しかし、心《こころ》が弱《よわ》っているときに励《はげ》まされると、かえってプレッシャーを感《かん》じてしまうことも。

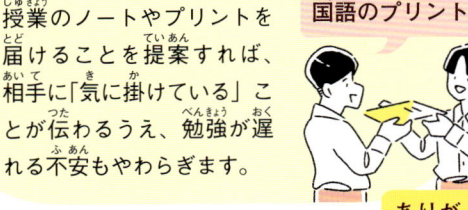

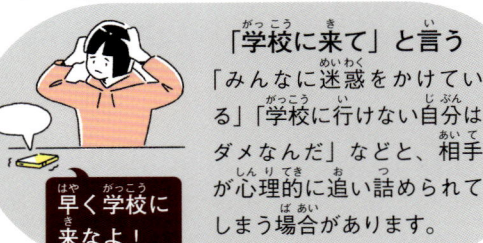

もしも
〝つらい〟と
感《かん》じたら…

〝つらいとき〟の相談窓口《そうだんまどぐち》

もしも「つらい」と感《かん》じたときには、心身《しんしん》が追《お》い詰《つ》められてしまう前《まえ》に、まずは〝周《まわ》りの人《ひと》に相談《そうだん》する〟ことがもっとも大切《たいせつ》です。

とはいえ、「知《し》っている人《ひと》には相談《そうだん》しづらい」「相談《そうだん》したことがバレたらどうしよう」などと、心配《しんぱい》に感《かん》じる人《ひと》もいるでしょう。

そんなときには、ここで紹介《しょうかい》する「相談《そうだん》窓口《まどぐち》」に連絡《れんらく》しましょう。

どの窓口《まどぐち》も匿名《とくめい》で相談《そうだん》できるので、周《まわ》りの人《ひと》に知《し》られる心配《しんぱい》はなく、相談《そうだん》のための料金《りょうきん》も必要《ひつよう》ありません。

文部科学省《もんぶかがくしょう》

24時間《じかん》 子供《こども》SOS《エスオーエス》ダイヤル

電話《でんわ》　**0120-0-78310**

※24時間対応《じかんたいおう》／年中無休《ねんじゅうむきゅう》

いじめに関《かん》する問題《もんだい》など、話《はな》しにくいと感《かん》じるさまざまな悩《なや》みや相談《そうだん》に幅広《はばひろ》く応《おう》じてくれる相談窓口《そうだんまどぐち》です。悩《なや》んでいる本人《ほんにん》や保護者《ほごしゃ》はもちろん、困《こま》っている友《とも》だちのことも相談《そうだん》できます。都道《とどう》府県《ふけん》および指定都市《していとし》の教育委員会《きょういくいいんかい》が、夜間《やかん》や休日《きゅうじつ》を含《ふく》めて24時間体制《じかんたいせい》で対応《たいおう》してくれます。

特定非営利活動法人《とくていひえいりかつどうほうじん》
あなたのいばしょ

あなたのいばしょ

URL《ユーアールエル》　**https://talkme.jp/**

※24時間対応《じかんたいおう》／年中無休《ねんじゅうむきゅう》

年齢《ねんれい》や性別《せいべつ》を問《と》わずに、匿名《とくめい》・無料《むりょう》で利用《りよう》できるチャット相談窓口《そうだんまどぐち》です。決《き》められた訓練《くんれん》を修了《しゅうりょう》したボランティアの「いばしょ相談員《そうだんいん》」が、あらゆる相談《そうだん》に対応《たいおう》。また、虐待《ぎゃくたい》やDV《ディーブイ》、自殺行為《じさつこうい》といった緊急性《きんきゅうせい》の高《たか》い相談《そうだん》については、警察《けいさつ》や児童相談所《じどうそうだんじょ》などの機関《きかん》と連携《れんけい》して対応《たいおう》してくれます。

こども家庭庁《かていちょう》

児童相談所《じどうそうだんじょ》
虐待対応《ぎゃくたいたいおう》ダイヤル

電話《でんわ》 **189**（いちはやく）

※24時間対応《じかんたいおう》／年中無休《ねんじゅうむきゅう》

「189」は、虐待《ぎゃくたい》された場合《ばあい》や、周《まわ》りの人《ひと》が「虐待《ぎゃくたい》かも」と思《おも》ったときなどに、すぐに児童相談所《じどうそうだんじょ》に通告《つうこく》や相談《そうだん》ができる全国共通《ぜんこくきょうつう》の電話番号《でんわばんごう》。「189」にかけると、発信《はっしん》した電話《でんわ》の市内局番《しないきょくばん》やコールセンターなどを通《つう》じて地域《ちいき》を特定《とくてい》し、近《ちか》くの児童相談所《じどうそうだんじょ》につながります。

一般社団法人社会的《いっぱんしゃだんほうじんしゃかいてき》
包摂《ほうせつ》サポートセンター

よりそいホットライン

電話《でんわ》 **0120-279-338**

URL《ユーアールエル》 **https://www.since2011.net/yorisoi/**

※24時間対応《じかんたいおう》／年中無休《ねんじゅうむきゅう》

暮《く》らしの困《こま》りごとや悩《なや》み、DV《ディーブイ》や性暴《せいぼう》力《りょく》、性的指向《せいてきしこう》や性自認《せいじにん》の悩《なや》み、自殺予《じさつよ》防《ぼう》、外国語《がいこくご》など、悩《なや》みのちがいごとに回線《かいせん》を分《わ》け、相談員《そうだんいん》が対応《たいおう》。電話《でんわ》のほか、お悩《なや》みクラウド「Moyatter《モヤッター》」やチャットルーム「もやもやルーム」など、SNS《エスエヌエス》を活用《かつよう》した相談《そうだん》も実施《じっし》しています。

法務省《ほうむしょう》

LINE《ライン》 じんけん相談《そうだん》

検索《けんさく》ID《アイディー》

@linejinkensoudan

※受付時間《うけつけじかん》：平日朝《へいじつあさ》8時《じ》30分《ぷん》～
夕方《ゆうがた》5時《じ》15分《ふん》

いじめにあった、暴力《ぼうりょく》を振《ふ》るわれた、イヤなことをされた（言《い》われた）といった悩《なや》み相談《そうだん》に、国《くに》の機関《きかん》である法務局《ほうむきょく》の職員《しょくいん》や、人権問題《じんけんもんだい》に詳《くわ》しい人権擁護《じんけんようご》委員《いいん》などが応《おう》じてくれます。検索《けんさく》ID《アイディー》、二次元《にじげん》コードから公式《こうしき》アカウント「法務局《ほうむきょく》 LINE人権相談《ラインじんけんそうだん》」を友《とも》だち追加《ついか》して、相談《そうだん》しましょう。

こども家庭庁《かていちょう》

児童相談所《じどうそうだんじょ》
相談専用《そうだんせんよう》ダイヤル

電話《でんわ》 **0120-189-783**

※24時間対応《じかんたいおう》／年中無休《ねんじゅうむきゅう》

育児《いくじ》や里親《さとおや》、ヤングケアラーなど、子《こ》どもの福祉《ふくし》に関《かん》するさまざまな相談《そうだん》を受《う》け付《つ》けています。子《こ》どもだけでなく、出産《しゅっさん》や子育《こそだ》てなどに関《かん》する保護者《ほごしゃ》からの相談《そうだん》にも対応《たいおう》。なお、虐待《ぎゃくたい》に関《かん》する相談《そうだん》および通告《つうこく》は、左上《ひだりうえ》の児童相談所《じどうそうだんじょ》虐待対応《ぎゃくたいたいおう》ダイヤル「189」へ電話《でんわ》しましょう。

人への
優しさと、
想像力が
身につく

NDC　360
特別堅牢製本図書

10代のつらさに寄りそう本

Gakken 2025 120P 26.5cm
ISBN 978-4-05-501456-4

人への優しさと、想像力が身につく
10代のつらさに寄りそう本

2025年2月11日　第1刷発行

ブックデザイン
フロッグキングスタジオ

漫画
しろやぎ秋吾

イラスト
水谷慶大

執筆・編集
小芝俊亮（小道舎）

編集協力
秋下幸恵
株式会社 鷗来堂

特別協力
金澤ひかり（朝日新聞 withnews 編集部）
渡 剛（特定非営利活動法人あっとすくーる理事長）

企画・編集
宮﨑純

本書の
p6-14　友だちから無視された話
p34-42　ゲイであることを悩んでいた話
p48-56　耳が聴こえなくなった話
p62-70　伯父から虐待を受けていた話
については、『10代の時のつらい経験、私たちはこう乗り越えました』（KADOKAWA）より転載しています。

監修　田村　節子
漫画　しろやぎ秋吾
発行人　川畑　勝
編集人　芳賀　靖彦
編集長　宮﨑　純

発行所　株式会社 Gakken
〒141-8416
東京都品川区西五反田2-11-8
データ作成　株式会社 四国写研
印刷所　TOPPANクロレ株式会社

この本に関する各種お問い合わせ先
・本の内容については、下記サイトのお問い合わせフォームよりお願いします。
https://www.corp-gakken.co.jp/contact/
・在庫については　Tel 03-6431-1197（販売部）
・不良品（落丁、乱丁）については　Tel 0570-000577
学研業務センター　〒354-0045　埼玉県入間郡三芳町上富279-1
・上記以外のお問い合わせは
Tel 0570-056-710（学研グループ総合案内）

© しろやぎ秋吾／Gakken　2025 Printed in Japan

本書の無断転載、複製、複写（コピー）、翻訳を禁じます。
本書を代行業者等の第三者に依頼してスキャンやデジタル化することは、たとえ個人や家庭内の利用であっても、著作権法上、認められておりません。

学研グループの書籍・雑誌についての新刊情報・詳細情報は、下記をご覧ください。
学研出版サイト　https://hon.gakken.jp/